에스겔서 강해설교

폐허를 덮는 환상

회복

일러두기

- 이 책은 강선, 서정걸, 윤철규, 세 목사가 2018년 7월 1일부터 2019년 3월 3일까지 남포교회 청년부 주일예배 시간에 설교한 에스겔서 강해를 글로 펴낸 것입니다.
- 이 책에서는 개역개정판 성경을 인용하였습니다.
- 성경을 인용할 때, 절의 전체를 인용한 경우에는 큰따옴표(" ")로, 절의 일부를 인용한 경우에는 작은따옴표(' ')로 표기하였습니다.
- 본문에 《 》로 표기된 것은 도서를, 〈 〉로 표기된 것은 도서 외 작품을 가리킵니다.

폐허를 덮는 환상 — 회복

2021년 11월 30일 초판 1쇄 인쇄
2021년 12월 15일 초판 1쇄 발행

지은이 강선, 서정걸, 윤철규
기획 강동현
편집 문선형, 정유진
디자인 잔
마케팅 강동현
경영지원 김내리
펴낸이 최태준
펴낸곳 무근검
주소 서울특별시 송파구 올림픽로 4길 17, A동 301호
홈페이지 www.facebook.com/lampbooks **전화** 02-420-3155 **팩스** 02-419-8997
등록 2014. 2. 21. 제2014-000020호
ISBN 979-11-87506-75-1 04230
ISBN 979-11-87506-71-3 04230(세트)

무근검은 남포교회출판부의 새로운 이름입니다.
무근검은 '하나님의 영광은 무겁고 오래된 칼과 같다'라는 뜻입니다.

에스겔서 강해설교

폐허를 덮는 환상

회복

강선 서정걸 윤철규

무근검

내가 이제 내 거룩한 이름을 위하여 열심을 내어

… 이스라엘 온 족속에게 사랑을 베풀지라

겔 39 : 25

차례

01

하나님이 복을 주시는 터전

강선

13 주 여호와께서 이같이 말씀하셨느니라 그들이 너희에게 이르기를 너는 사람을 삼
키는 자요 네 나라 백성을 제거한 자라 하거니와 **14** 네가 다시는 사람을 삼키지 아니
하며 다시는 네 나라 백성을 제거하지 아니하리라 주 여호와의 말씀이니라 **15** 내가
또 너를 여러 나라의 수치를 듣지 아니하게 하며 만민의 비방을 다시 받지 아니하게
하며 네 나라 백성을 다시 넘어뜨리지 아니하게 하리라 주 여호와의 말씀이니라 하셨
다 하라 (겔 36:13-15)

저주받은 땅

하나님이 '너희'라는 대상에게 말씀하십니다. 에스겔 36장 13절부터 15절에서 거듭해 '너는', '네가', '너를'이라고 강조되는 이 '너희'에게 하나님이 하실 말씀이 있습니다. 이 '너'는 '이스라엘의 산들'입니다.

> 1 인자야 너는 이스라엘 산들에게 예언하여 이르기를 이스라엘 산들아 여호와의
> 말씀을 들으라 2 주 여호와께서 이같이 말씀하시기를 원수들이 네게 대하여 말하
> 기를 아하 옛적 높은 곳이 우리의 기업이 되었도다 하였느니라 (겔 36:1-2)

여호와의 말씀을 들을 대상은 단지 '산들'만이 아닙니다. 하나님은 더 불러내십니다.

> 4 그러므로 이스라엘 산들아 주 여호와의 말씀을 들을지어다 산들과 멧부리들과 시내들과 골짜기들과 황폐한 사막들과 사방에 남아 있는 이방인의 노략거리와 조롱거리가 된 버린 성읍들에게 주 여호와께서 이같이 말씀하셨느니라 (겔 36 : 4)

멧부리들은 산봉우리니까 높은 곳이고, 시내는 협곡에서 흐르니까 시내와 골짜기는 낮은 곳입니다. 이스라엘 땅의 높은 곳과 낮은 곳을 다 아울러 하나님이 부르십니다. 먼저 이스라엘의 산들을, 그다음 산봉우리와 골짜기를, 또 황무지를, 끝으로 다른 민족들에게 약탈당하고 조롱당한, 버려진 성읍들을 줄줄이 부르십니다.

이 장면의 분위기는 좋아 보이지 않습니다. 하나님이 부르시는 이스라엘 땅은 황폐한 곳, 버려진 곳으로 불리고 있습니다. 또, 이 땅은 수치를 당한 경멸의 대상이라고 일컬어집니다. 이스라엘 족속이 내내 살던 이 땅은 꼴이 말이 아닙니다. 사람들이 삶을 엉망으로 만들어 망하더니, 땅도 그렇게 되었습니다.

이스라엘 땅의 형편을 좀 더 실감하기 위해 이렇게 표현해 볼 수 있겠습니다. 회사에서 흔히들 하는 농담조의 말이 있습니다. '계속 그런 식으로 하다가는 내일부터 책상이 없어질지도 몰라.' 여기서 '책상'이 바로 이스라엘 땅입니다.

사원을 잘 챙기는 회사는 직원이 새로 들어오면 좋은 컴퓨터를 새로 마련해 줍니다. 업무에 차질이 없도록 처음부터 장비를 제대로 갖춰 주는 것입니다. 그런데 그 직원이 오래 근무하지 않고 퇴사하면 애꿎게도 쓰던 컴퓨터까지 같이 폐기됩니다. 멀쩡한 컴퓨터인데, 쓰던 사람이 없어지니 폐기 품목이 되어 버리는 것입니다. 하나님이 그런 처지의 컴퓨터에게 말을 거시는 장면이 본문 말씀입니다.

이렇게 보니 하나님이 말을 하시는 이 대상에게 가여운 느낌이 듭니다. 주인을 잘못 만나 자기 능력을 제대로 발휘해 보지도 못하고 퇴역하게 되었습니다. 이 처지를 가리켜 하나님이 '황폐한 황무지', '버려진 성읍들'이라고 지칭하시는 것입니다. 주인보다 더 기구한 운명처럼 보입니다.

이들에게 무슨 잘못이 있겠습니까. 그런데도 비웃음거리입니다. "주 여호와께서 이같이 말씀하셨느니라 그들이 너희에게 이르기를 너는 사람을 삼키는 자요 네 나라 백성을 제거한 자라 하거니와"(겔 36:13). 여기 '그들'은 유다의 이웃 나라들입니다. 다른 나라 사람들이 이스라엘 땅을 보고서 '너는 사람을 삼키는 자요 네 나라 백성을 제거한 자'라고 합니다. 이 땅을 저주를 가져오는 땅이라고 비웃고 있습니다.

본문을 보고 나니, 우리도 비슷한 일을 한번 해 볼 수 있습니다. 이스라엘은 하나님의 백성이었고, 이스라엘 땅은 그 백성의 소유였습니다. 우리도 하나님의 백성입니다. 그러면 우리가 갖고 있는 물건들은 이스라엘 땅 같은 것입니다. 지금 손에 쥐고 있는 핸드폰도 좋고, 학생이라면 노트북이나 참고서를, 아니면 정성껏 차려입은 옷이나 장신구를 지긋이 쳐다봅시다. 그 물건들을 보니, '넌 주인을 잘 만나서 호강이다' 하는 생각이 드십니까, 아니면, '에휴, 불쌍한 것' 같은 생각이 드십니까.

물건의 입장에서도 생각해 볼 수 있습니다. 핸드폰이 나를 쳐다보면 무슨 느낌일까요. 이 값비싼 최신 핸드폰에 장착된 고성능 카메라로 내 얼굴을 찍고 있을 때, 핸드폰 쪽에서 보면 기분 좋은 일일까요. 아니면, '내가 저런 거나 찍고 있어야 하나' 하고 생각할까요. 그 카메라가 자주 촬영하는 나나 내 친구는 제법 괜찮은 모델로 보입니까.

늘 끼고 다니는 얇고 가벼운 노트북 컴퓨터의 운명은 어때 보입니까. 기라성 같은 수학자들도 못하던 계산을 단번에 해낼 수 있는 컴퓨터가 나를 주인으로 만나서는 실력을 발휘할 기회가 없습니다. 우리가 입고 있는 옷은 또 어떻습니까. 고르고 골라 산 옷이지만, 옷 입장에서는 어떨까요. 우리가 입고 있는 이 옷은 옷걸이를 잘 만난 걸까요. 어울리지도 않는 주인에게 강제로 잡혀 온 것일까요.

지금 이스라엘의 땅이 겪는 수치가 그런 것입니다. 여기서 사는 사람들이 꼴같잖아서, 땅이 사방에서 저주스러운 말을 듣고 있습니다. 원래 이 땅의 별칭은 '젖과 꿀이 흐르는 땅'이었는데, 지금 고생이 많습니다.

땅에 대한 오해

그 좋은 땅이 이방 사람들의 입방아에나 오르는 수치의 대상, 치욕스러운 존재가 되었습니다. 이 땅에 대한 이방인들의 마음은 두 가지였습니다.

> 5 주 여호와께서 이같이 말씀하시기를 내가 진실로 내 맹렬한 질투로 남아 있는 이방인과 에돔 온 땅을 쳐서 말하였노니 이는 그들이 심히 즐거워하는 마음과 멸시하는 심령으로 내 땅을 빼앗아 노략하여 자기 소유를 삼았음이라 (겔 36 : 5)

이스라엘이 망한 뒤 주위 나라들은 빈 땅을 보며 두 가지 마음을 품습니다. 한편으로는 이 땅을 경멸합니다. 멸시하고 비아냥거립니다. 이스라엘 족속에 대한 미움을 땅이 대신 받고 있습니다. 다른 한편으로는 이들에게 심히 즐거운 마음도 있습니다. '젖과 꿀이 흐르는 땅'이 비었으니 탐이 났던 것입니다. 그간 이스라엘을 보면서 이렇게 생각했던 모양입니다. '같잖은 것들이 저렇게 좋은 땅에 살다니 말도 안 돼.' 그 땅 주인으로 자기들이 훨씬 어울려 보인다고 생각했습니다.

이들이 이 땅을 얼마나 소원했는가 하면, '원수들이 네게 대하여 말하기를 아하 옛적 높은 곳이 우리의 기업이 되었도다'(겔 36:2)라고 한답니다. 성경에 감탄사가 나오는 일이 흔하지 않은데, 여기에 '아하! 우리 것이 되었구나' 하고 감탄사까지 나온 걸 보면 이 사람들이 얼마나 좋아하는지 짐작이 됩니다. '드디어! 드디어 그 좋은 것이 우리 것이 되었구나!'

이스라엘 족속이 심판받을 때, 이웃 나라들은 좋은 기회가 열렸다고 기뻐합니다. 에스겔 35장에 보면, 에돔을 예로 들어 이방 나라들이 탐내는 모습을 묘사합니다. 하나님은 선지자에게 에돔의 영토인 세일 산을 향해 심판을 예언하라고 하십니다.

> **1** 또 여호와의 말씀이 내게 임하여 이르시되 **2** 인자야 네 얼굴을 세일 산으로 향하고 그에게 예언하여 **3** 이르기를 주 여호와께서 이같이 말씀하시되 세일 산아 내가 너를 대적하여 내 손을 네 위에 펴서 네가 황무지와 공포의 대상이 되게 할지라 **4** 내가 네 성읍들을 무너뜨리며 네가 황폐하게 되리니 네가 나를 여호와인 줄을 알리라 **5** 네가 옛날부터 한을 품고 이스라엘 족속의 환난 때 곧 죄악의 마지막 때에 칼의 위력에 그들을 넘겼도다 (겔 35:1-5)

에돔이 심판을 받는 것은, 그들이 오래전부터 품어 온 잘못된 소원 때문입니다. 그들은 이제나저제나 이스라엘 족속이 망하기를 기다려 왔습니다. 정말로 남 왕국 유다에게 아주 어려운 때가 오니까, 에돔은 이웃을 대적에게 넘겨 버리고 그의 땅을 차지하려고 합니다.

이들의 마음이 반복해서 묘사됩니다. '네가 말하기를 이 두 민족과 두 땅은 다 내 것이며 내 기업이 되리라 하였도다'(겔 35:10). 북 왕국과 남 왕국으로 나뉜 이스라엘의 땅 전부를 탐내고 있습니다. '네가 이스라엘 산들을 가리켜 말하기를 저 산들이 황폐하였으므로 우리에게 넘겨 주어서 삼키게 되었다 하여'(겔 35:12). '너의 불행은 나의 행복!'입니다. 오랫동안 군침을 흘리며 어떻게든 땅을 빼앗겠다는 이웃이 유다 옆에 늘 있었던 것입니다. 알고 보니 무서운 현실입니다.

내내 이런 궁리를 하던 사람들에게 마침내 기회가 왔습니다. 이스라엘도 유다도 망하여 그들의 땅이 무주공산(無主空山)이 됩니다. 기회가 활짝 열렸고 에돔은 소원대로 땅을 삼키려고 합니다.

그런데 이상스럽게도 일이 뜻대로 진행되지 않습니다. 지키는 사람도 없는데 빼앗아 가질 수가 없습니다. 이스라엘의 땅을 빼앗을 수가 없습니다. 더욱이 이 땅을 얻기는커녕 오히려 자기 땅이 황폐하게 됩니다. '어, 이게 왜 이러지?' 싶은 이상한 전개에는 이유가 있습니다. 하나님 백성의 땅에는 신비가 드리워져 있기 때문입니다.

> 10 네가 말하기를 이 두 민족과 두 땅은 다 내 것이며 내 기업이 되리라 하였도다 그러나 여호와께서 거기에 계셨느니라 (겔 35 : 10)

먼저 가서 차지하기만 하면 될 것 같은 그 빈 땅에는 이들이 생각하지 못한 성질이 있었습니다. 사실 눈에는 비어 보여도 그 땅은 빈 땅이 아니었습니다. 이스라엘 사람들이 살든 아니든, 언제나 거기에 계시는 이가 있었습니다. '그러나 여호와께서 거기에 계셨느니라.' 이 점은 거듭 강조됩니다.

> 12 네가 이스라엘 산들을 가리켜 말하기를 저 산들이 황폐하였으므로 우리에게 넘겨 주어서 삼키게 되었다 하여 욕하는 모든 말을 나 여호와가 들은 줄을 네가 알리로다 13 너희가 나를 대적하여 입으로 자랑하며 나를 대적하여 여러 가지로 말한 것을 내가 들었노라 (겔 35 : 12-13)

이스라엘의 불행이 기뻐서 에돔이 자기들끼리 속삭이며 즐겁게 주고받은 말마저 하나님이 다 듣고 계셨습니다. 그들의 말 한마디, 표정 하나 놓치지 않으시고, 하나님은 다 알고 계셨습니다. 이제 이 땅의 진정한 주인이신 하나님이 이들을 응징하십니다.

이스라엘에게 주어진 땅에는 특별한 성질이 있습니다. 그것은 그냥 물건이 아닙니다. 하나님의 백성이 가진 것은 마음대로 주고받아도 되는 재산이 아니었습니다. 하나님이 보고 계시며, 하나님이 임하여 계십니다. 눈치나 능력으로 먼저 차지할 수 없습니다. 함부로 건드리면 오히려 건드린 자가 망합니다.

> 5 주 여호와께서 이같이 말씀하시기를 내가 진실로 내 맹렬한 질투로 남아 있는
> 이방인과 에돔 온 땅을 쳐서 말하였노니 이는 그들이 심히 즐거워하는 마음과 멸
> 시하는 심령으로 내 땅을 빼앗아 노략하여 자기 소유를 삼았음이라 6 그러므로
> 너는 이스라엘 땅에 대하여 예언하되 그 산들과 멧부리들과 시내들과 골짜기들에
> 관하여 이르기를 주 여호와께서 이같이 말씀하시기를 내가 내 질투와 내 분노로
> 말하였나니 이는 너희가 이방의 수치를 당하였음이라 7 그러므로 주 여호와께서
> 이같이 말씀하시기를 내가 맹세하였은즉 너희 사방에 있는 이방인이 자신들의 수
> 치를 반드시 당하리라 (겔 36:5-7)

하나님의 어조까지 느껴집니다. '내가 진실로 내 맹렬한 질투로', '내가 내 질투와 내 분노로 말하였나니', '내가 맹세하였은즉 반드시'라고 이스라엘 땅을 가리키며 하나님이 에돔에게 말씀하십니다. "이것이 무엇인지 알기나 하고 건드린 것이냐. 함부로 손

을 댄 너희에게 내 맹렬한 질투가 쏟아질 것이다.”

이스라엘 족속의 땅은 참 이상한 곳입니다. 이스라엘 사람들이 갖고 있을 때는 그 땅이 참 좋아 보였습니다. 그래서 주위의 이방 족속도 자기들이 그 땅을 대신 차지하면 좋겠다고 생각합니다. 그런데 정말 기회가 생겨서 그 땅을 가졌는데, 좋기는커녕 이방 나라들에게는 이 땅이 맹독(猛毒)으로 변합니다. 뭣도 모르고 이스라엘 땅을 탐내다가 원래 가지고 있던 땅마저 박살이 나 나라가 사라지게 되었습니다.

하나님의 백성이 누리는 땅, 곧 이들의 삶의 터전과 재산은, 주고받을 수 있는 보통 물건이 아닙니다. 아무나 건드릴 수 없습니다. 이것은 옛날 이스라엘 땅만의 특징이 아닙니다. 지금도 여전합니다.

하나님의 백성인 우리에게도 많은 것들이 주어졌습니다. 우리는 하나님이 주신 좋은 것들을 누리며 살아가고 있습니다. ‘내 것’이라고 부르는 것들은 그저 내 성취의 결과일 뿐만이 아니라, 이렇게 각별한 뜻을 지니고 있습니다. 물건에만 해당되는 이야기가 아닙니다. 땅은 이스라엘에게 삶의 터전이었습니다. 우리의 학교, 직장, 결혼 같은 삶의 온갖 형편이 다 여기에 포함됩니다.

사람들은 이런 것들을 쟁취해 가는 시간을 인생이라 여깁니다. 우리의 지난날을 돌아보면 알 수 있듯이 삶의 근사한 터전을 마련하느라 애쓰며 많이 수고해 왔습니다. 제법 갖춘 상태가 되어도, 언제건 느슨해지면 금방 잃어버릴 것 같습니다. 우리는 ‘내 것’을 빼앗길까 봐 긴장하며 삽니다.

하지만 하나님 백성의 재산이나 형편은 그렇게 움직이지 않습니다. 우리가 가진 좋은 것들은 이스라엘 땅과 같습니다. 그 자체로 중립적이어서 누구든 능력이나 재간으로 취할 수 있는 것이 아닙니다.

성경과는 다른 관점에서 인생을 배워 온 우리는 그렇게 생각하지 못합니다. 신자든 아니든, 좋은 것들에 대해서는 경쟁에서 이겨 쟁취한 상으로 여깁니다. 우리 인생의 수고는 좋은 것들을 얻기 위한 경쟁을 위해 바쳐집니다. 그러나 성경은 우리가 누리는 삶의 좋은 것들이, 아니, 우리가 누리는 모든 것들이 그런 식으로 얻어진 것이 아니라고 가르칩니다. 우리에게 있는 것은 전부 하나님이 주신 선물입니다. 우리 각자에게 특별한 뜻이 있으셔서 알맞게 베푸신 선물입니다.

이스라엘이 무엇을 잘해서, 또 경쟁에 이겨서 그 땅을 얻은 것이 아닙니다. 젖과 꿀이 흐르는 땅에 어울리는 사람들이어서 거기 들어간 것도 아닙니다. 이스라엘을 향한 하나님의 깊은 뜻 덕분에 그들이 그 좋은 땅을 누리며 살게 되었던 것입니다. 마치 이스라엘이 딱 맞춰 입은 옷 같은 것이 그 땅이었습니다.

아무리 좋은 옷감으로 멋지게 디자인한 것이어도 맞춤옷이라면 한 사람을 위한 것일 뿐입니다. 그런데도 사람들은 오해하여, 좋은 것은 누구든 능력껏, 눈치껏 챙길 수 있다고 생각합니다. 그러나 그렇게 간단하지 않습니다. 하나님의 백성인 이상, 우리가 가진 것은 다른 사람이 빼앗거나 훔쳐다가 같은 유익을 얻을 수 없습니다.

그러니까 교회에서도 옆의 교우가 내게 없는 좋은 것을 갖고 있다고 부러워하며 나도 그것을 똑같이 갖고 싶다고 바란다면, 생각이 짧은 것입니다. 지금 그 교우에게 단지 물건 하나가 들어와 있는 것이 아니기 때문입니다. 하나님의 깊은 뜻이 그 사람에게 깃들어서 그 물건이 그에게 주어진 것입니다. 특별한 물건은 그 사람에게만 주어지는 것이 아닙니다. 하나님의 백성 누구에게나 똑같이 하나님의 선한 뜻이 깃들어 있습니다.

하나님을 모르는 세상은 이것을 이해하지 못합니다. 어떤 좋은 것이든 먼저 기회를 잡아 쟁취하면 된다고 생각합니다. 그래서 그것을 얻으려는 씨름이 인생의 내용이 됩니다. 바로 이런 오해가 에돔과 이방 나라들에게 있었던 것입니다. 아무것도 모르면서 달려들다가 나라가 거덜 납니다.

우리가 갖고 있는 것들과 우리가 놓여 있는 처지에 대해 성경의 관점으로 이해해야 합니다. 내게 있는 것을 힘센 누가 빼앗아 갈까 봐, 나보다 능력 있는 사람이 취해 갈까 봐 전전긍긍할 필요가 없습니다. 또, 내가 소원하는 것이 있는데, 나보다 재간 있는 사람이 먼저 그것을 채 갈까 봐 노심초사할 필요도 없습니다. 하나님의 백성인 우리에게 주어지는 모든 것은 하나님이 우리 각자에게 특별히 마련하신 선물이기 때문입니다. 아무도 그 물건을 빼앗아 갈 수 없습니다. 무지해서 빼앗아 가겠다고 나서면, 오히려 멸망의 단초가 됩니다. 이것이 본문이 보여 주는 하나님 백성의 물건, 재산, 터전의 첫 번째 특징입니다.

확정된 복된 미래

다시, 하나님 백성의 터전인 땅의 모습으로 돌아가 봅시다. 꼴이 말로 다 표현할 수 없을 정도입니다. 이 땅은 모두의 먹잇감이자 치욕거리가 되었습니다. 모두가 고개를 절레절레 저으며 비아냥거립니다. 성경의 묘사를 보면, 땅은 시체들로 가득하게 되고, 아무도 살지 않는 곳이 됩니다. 그러나 이 땅은 이런 현실만으로 다 설명되지 않습니다. 하나님은 이스라엘 땅의 욕된 현실에 대해 말씀하시다가 이렇게 흐름을 끊으십니다.

> **8** 그러나 너희 이스라엘 산들아 너희는 가지를 내고 내 백성 이스라엘을 위하여 열매를 맺으리니 그들이 올 때가 가까이 이르렀음이라 **9** 내가 돌이켜 너희와 함께 하리니 사람이 너희를 갈고 심을 것이며 **10** 내가 또 사람을 너희 위에 많게 하리니 이들은 이스라엘 온 족속이라 그들을 성읍들에 거주하게 하며 빈 땅에 건축하게 하리라 (겔 36 : 8–10)

'그러나'를 눈여겨봅시다. 지금은 모두의 먹잇감, 치욕거리가 된 땅입니다. 그러나 아직 다가올 일이 남아 있습니다. 하나님이 그 욕된 땅에게 말씀하십니다. '너는 오늘의 처참함으로 다 설명되지 않는다. 네 위에 다시 사람들이 살게 될 것이다!' 지금의 처참함이 그칠 것이라는 정도의 이야기가 아닙니다.

> **11** 내가 너희 위에 사람과 짐승을 많게 하되 그들의 수가 많고 번성하게 할 것이라 너희 전 지위대로 사람이 거주하게 하여 너희를 처음보다 낫게 대우하리니 내

가 여호와인 줄을 너희가 알리라 12 내가 사람을 너희 위에 다니게 하리니 그들은 내 백성 이스라엘이라 그들은 너를 얻고 너는 그 기업이 되어 다시는 그들이 자식들을 잃어버리지 않게 하리라 (겔 36 : 11–12)

하나님은 이들을 '전 지위대로' 회복하시는 것 너머로 나아가십니다. 이들은 처음과 비교할 수 없을 만큼 훨씬 더 나은 대우를 받을 것입니다. 회복 정도가 아니라, 조상들도 경험해 보지 못한 놀라운 일이 기다리고 있습니다.

이 땅에 살게 되는 사람들은 다시는 자식들을 잃어버리지 않을 것입니다. 이 땅은 더 이상 치욕스러운 상태에 놓이지 않을 것이며, 저주와 조롱의 대상이 되지 않을 것입니다. 다시는 그런 일이 없을 것이며, 다가올 미래는 흔들리는 잠정적 상태가 아니라고 못을 박으십니다. 살다 보니 이런 좋은 때도 있구나 하는 안도감이 잠시 생기는 것이 아닙니다. 하나님은 흔들리지 않는 확정적인 상태를 말씀하고 있습니다.

여기서 하나님 백성의 재산과 삶의 터전에 대해 한 가지 가르침을 더 얻게 됩니다. 이것을 이해하기 위해 삶의 흐름에 대한 요즘 사람들의 태도를 생각해 봅시다. 인생이 어디로 흘러가는지와 관련하여 삶에 대한 두 가지 태도를 떠올릴 수 있습니다.

첫 번째 태도는 이른바 '카르페 디엠'(Carpe diem)이라는 라틴어로 요약할 수 있습니다. 이 말은 직역하면 '오늘을 잡아라'인데, 오늘을 즐기라는 뜻입니다. 더 실감 나는 우리 표현은 '오늘 마시고 죽자'가 되겠습니다.

왜 오늘을 잡아야 한다고 생각하냐면, 내일이 좋지 않아서 그렇습니다. 내일은 늙어 힘이 빠지고, 가졌던 총기(聰氣)마저 잃는 시간, 곧 좋은 것들을 잃는 시간입니다. 그런 내일은 결국 죽음으로 수렴될 것입니다.

미래를 쳐다보면, 어둡고 차갑고 쓸쓸하고 서글픕니다. 그러니 굳이 생각하고 싶지 않습니다. 이리 피하고 저리 피하고 미뤄 보기도 하지만 결국 죽음이라는 멸망을 맞닥뜨리게 될 것입니다. 그래서 사람들은 결단합니다. '미래에 대한 생각은 접고, 오늘에 집중하자.'

물론, 오늘도 그렇게 좋지만은 않습니다. 오늘도 슬프고 싫은 일이 많습니다. 하지만 어떻게든 좋은 것을 찾아내 그것에만 집중해서 살자고 마음먹습니다. 그러나 그렇게 집중해도 좋은 것은 잘 찾아지지 않으니, 순간의 즐거움이라도 붙잡자는 절박한 심정에 이릅니다. 이것이 우리가 알고 있는 '마시고 죽자'라는 말의 뜻입니다.

한편, 다른 방식도 있습니다. 다시 라틴어인 '메멘토 모리'(Memento mori)라는 말로 요약해 볼 수 있습니다. '죽음을 기억하라'라는 말입니다.

이 말은 고대 로마에서 전쟁에 승리한 장군의 개선 행렬에서 외치던 말이었습니다. 승리하고 돌아와 환호 속에 행진하는 장군 옆에 비천한 노예 하나를 마차에 같이 태웁니다. 시가행진 중에 이 노예는 '메멘토 모리!'라고 외칩니다. 승리를 축하하는 영광된 자리에서 왜 죽음을 입에 올렸을까요. 현재가 아무리 좋더라도, 앞으로 좋지 않을 때가 또 올 것이니 우쭐대지 말고 겸손히 있으라는 경계였습니다. 앞일이 어찌 될지 모르니 함부로 좋아하면 안 되는 것입니다.

각자 삶에 대해 어느 쪽 태도에 더 기울어져 있는지 생각해 보아도 좋겠습니다. 오늘을 즐기자는 쪽입니까, 아니면 조심하자는 쪽입니까. 이 두 태도는 언뜻 보면 정반대의 시각 같지만, 큰 틀에서는 마찬가지입니다. 어느 쪽이든 어두운 미래가 오늘에 그늘을 드리우기 때문입니다.

어찌 되었건 미래는 어두울 것입니다. 오늘은 그보다는 좀 낫습니다. 오늘은 미래보다 밝습니다. 전자는 오늘의 밝은 면을 보자는 것이고, 후자는 미래가 어두우니 오늘도 그렇게 밝을 수만은 없다고 하는 것입니다. 어느 편이든 미래는 어둡습니다. 삶은 원치 않는 그 어둠으로 끌려가는 일입니다.

하나님의 백성에게 삶은 어떤 것일까요. 이들의 미래는 어떻습니까. 이들에게 미래는 언제나 오늘보다 밝습니다. 과거와 오늘의 영광을 다 뒤져 봐도 미래에 올 영광과 비교할 수 없습니다. 과거의 영광은 회복됩니다. 그뿐 아니라 미래에는, 과거에 상상하지 못했던 좋은 것들까지 올 것입니다. 그렇게 미래는 아주 밝습니다.

이스라엘 땅은 지금 몹시 참혹합니다. 이 참혹함은 과거에 저지른 과오(過誤)의 결과입니다. 조상들이 엉망으로 살아서, 돌이킬 수 없게 되었고 나라가 아예 멸망하게 되었습니다. 과거가 오늘을 휩쓸고 있습니다. 과거의 힘이 어쩌나 강한지, 어떤 총명한 사람이 나타나도 손쓸 수 없을 정도로 현재는 망가져 있습니다. 그런데 하나님은 이런 어두운 현재에 밝은 미래가 밀고 들어오고 있다고 말씀하십니다.

우리의 오늘에 작용하는 힘은 과거만이 아닙니다. 오늘이 과거의 잘못으로 질식할 만큼 눌려 있다고 해도, 그래서 현실을 돌이킬 실마리가 도무지 보이지 않을 만큼 오늘이 어둡다고 해도, 오늘은 결코 과거의 힘만으로 다 설명될 수 없습니다. 미래가 현재로 힘 있게 밀고 들어오기 때문입니다. 밀고 들어오는 미래가, 과거의 과오로 첩첩이 쌓여 오늘에 드리워진 짙은 그늘을 완전히 몰아낼 것입니다.

하나님의 백성이라면, 그러한 미래를 염두에 두고 오늘을 이해해야 합니다. 그래서 성경은 자꾸 미래를 보라고 하는 것입니다. 우리에게 어떤 미래가 펼쳐질까요. 밝고 밝은, 힘찬 미래입니다. 그렇게 밝은 미래로부터 현재를 보는 것이 성경이 말하는 '소망'입니다.

오늘의 이 참혹한 현실은 밝은 미래로 나아가는 길입니다. 성경은 더 적극적으로 가르칩니다. 이 참혹함은 오히려 밝은 미래에 기여하기까지 할 것입니다. '카르페 디엠'이든 '메멘토 모리'든, 우리의 삶을 설명하기에는 부족한 말입니다.

오늘은 오늘만큼의 의미를 가질 뿐입니다. 오늘이 아무리 무겁고 힘들어도 전부 미래에 씻겨 갈 것입니다. 오늘이 아무리 밝아도 내일의 밝음과는 비교할 수 없는, 겨우 맛보기에 불과할 뿐입니다.

우리는 어제의 무게에 짓눌리지 않아도 됩니다. 불안한 내일에 잡아먹히지 않아도 됩니다. 오늘의 작은 즐거움에 이젠 죽어도 좋다고 목숨을 걸 필요도 없습니다. 미래는 오늘의 행복에 대한 위협이 아니니, 오늘의 기쁨을 제대로 누리지 못하고 벌벌 떨 필요도 없습니다. 이것이 에스겔 35장과 36장에 걸쳐 밝혀지는 우리 삶의 진실입니다.

하나님 백성의 터전, 곧 우리 삶의 터전에 대해 다시 생각해 봅시다. 오늘 우리가 갖고 있는 것들, 우리가 처한 삶의 현실이 마음에 들지 않을 때가 많습니다. 인생이 어디서 꼬여 이렇게 되었나 싶어, 자신을 질책하기도 합니다. 난 왜 이리 어리석고 무능해서, 사람들은 다 갖고 있는 저 좋은 것을 하나도 손에 넣지 못하고 여기 광야 같은 곳에 이렇게 서 있나 하는 생각도 듭니다.

그러나 실제는 어떻습니까. 우리가 처한 이 현실은 하나님이 보고 계시며 임재하시는 특별한 자리입니다. 얼마나 특별한지, 누구도 제 맘대로 빼앗을 수 없는, 누구도 기회를 엿볼 수 없는 자리입니다. 그러니까 사람들이 때로 우리에게 고개 저으며 우리의 처지를 경멸할 때, 잊지 말아야 합니다.

사람들의 그런 시각 정도로는 우리에게 벌어지는 일이 무엇인지 알 수 없습니다. 우리는 지금 여기 홀로 있지 않습니다. 우리의 삶은 언제나 하나님과 관계되어 있습니다. 우리의 참혹함, 우리의 치욕스러움은 웬만한 안목으로는 알아볼 수 없는 깊은 사연이 담긴 것입니다.

하나님이 이 터전에 복을 주시기로 합니다. 오늘은 소망의 눈으로 바라보아야 어울립니다. 오늘은 오늘치만큼 겪을 일이 있을 것입니다. 그러나 여기에 여전히 빛나는 미래의 거센 바람이 몰아치고 있습니다.

다시 우리의 물건들을 바라봅시다. 내 핸드폰, 내 옷, 내 학교, 내 직장, 이 나이에도 싱글인 이 모습, 바라는 자식이 없는 이 결혼 생활은 다 무엇입니까. 이 온갖 것들이 주인을 잘못 만나서 지금 고생하는 것이 아닙니다. 우리는, 겨우 이런 꼴이어서 전전긍긍할 답답한 처지가 아닙니다.

이 물건들, 우리가 서 있는 이 자리는 하나님의 각별한 돌보심이 있는 특별한 대상들입니다. 어쩌다 보니 내 손에 들어온 것이 아닙니다. 어쩌다 보니 내가 여기 이런 처지에 있게 된 것도 아닙니다. 하나님이 이 모든 것에 밝고 밝은 미래의 빛을 비추어 주십니다. 그러니 이 깊은 사연이 깃든 내 주위 모든 물건들, 형편들을 귀하게 여겨야 합니다.

본문 말씀에서 보듯, 주변 사람들이 우리를 보며, 아니 우리 스스로도 자신을 보며 탄식할 때가 있습니다. '너는 백성이나 삼켜 버리는 자로구나' 싶습니다. 그러나 우리 하나님이 큰 소리로 말씀하십니다. '너는 그렇게 끝나지 않을 것이다. 너희가 아직 맛보지 못한 영광된 미래가 너희를 기다리고 있다. 그러니 오늘 하루 나와 동행하여라!' 우리가 이 초대에 용기 있게 응답하는 주의 백성이 되길 소망합니다.

기도

하나님, 하나님께서 모든 것이 끝나 버린 것 같은 심판받은 황폐한 땅을 향해 회복의 말씀을 주십니다. 아니, 회복 정도가 아니라 한 번도 겪어 보지 못한 복된 미래가 마련되어 있다고 하십니다. 사람을 삼키는 자라는 오명을 받는 이 땅이 사람을 살리는 땅, 생명이 꽃피고 열매 맺는 땅이 될 것이라고 말씀하십니다.

하나님께서 저희에게도 그런 터전을 마련해 주신 줄 압니다. 우리 삶의 자리가 무엇인지 제대로 바라보고 주의 말씀에 응답하는 주의 백성이 되게 하옵소서. 예수님의 이름으로 기도합니다. 아멘.

02

너희 무덤을 열고

윤철규

11 또 내게 이르시되 인자야 이 뼈들은 이스라엘 온 족속이라 그들이 이르기를 우리의
뼈들이 말랐고 우리의 소망이 없어졌으니 우리는 다 멸절되었다 하느니라 **12** 그러므
로 너는 대언하여 그들에게 이르기를 주 여호와께서 이같이 말씀하시기를 내 백성들아
내가 너희 무덤을 열고 너희로 거기에서 나오게 하고 이스라엘 땅으로 들어가게 하리
라 **13** 내 백성들아 내가 너희 무덤을 열고 너희로 거기에서 나오게 한즉 너희는 내가
여호와인 줄을 알리라 **14** 내가 또 내 영을 너희 속에 두어 너희가 살아나게 하고 내가
또 너희를 너희 고국 땅에 두리니 나 여호와가 이 일을 말하고 이룬 줄을 너희가 알리
라 여호와의 말씀이니라 (겔 37:11-14)

환상의 배경

위대한 예술가 중에는 남들 보기에 부러워할 만한 삶을 살았던 사람들도 있었지만, 당대에는 자신이 가지고 있는 가치나 역량에 걸맞은 대우를 받지 못한 사람들도 많습니다. 그러나 그들 중에도 그런 난관을 뚫고 인류 역사에 필적할 만한 작품들을 남겨 놓은 이들이 심심치 않게 많다는 사실을 우리는 알고 있습니다. 여느 민족의 역사와 개인의 역사도 마찬가지입니다. 늘 평온하며 늘 승승장구하는 개인, 공동체, 민족은 없습니다. 언제나 고난과 도전과 위기가 있습니다. '우리는 이대로 끝인가?' 하는 생각을 하게 만드는 절망스러운 상황이 있습니다. 닥쳐오는 공격이 너무 심해서 자신의 정체성을 그대로 포기하고 싶을 때도 있습니다. 그러나 그런 상황에서조차 끝까지 버티는 한, 어떻게든 그 공동체가 존재하는 한, 그에게 닥쳐오는 모든 위협과 한계는 그를 망하게 하지 않습니다. 오히려 그를 더 성숙하게 만듭니다. 고난과 역경이 없을 때 이루지 못한 고귀한 가치들을 그 안에 담아내고야 맙니다. 이런 내용은 우리가 동서고금을 막론하고 인류 역사를 통해서 배우게 되는 보편적인 교훈 중 하나라고 생각합니다.

이스라엘도 망했고, 유다도 망했습니다. 하나님은 아브라함을 부르셔서 "내가 너의 후손으로 큰 민족을 이루겠다. 수많은 민족에게 복이 되는 일들이 너희로부터 시작될 것이다"라고 말씀하셨습니다. 이스라엘 백성들이 애굽에서 노예 생활을 마치고 탈출할 때 그들의 숫자가 민수기에 의하면 장정만 60만 명이라고 되어 있습니다. 출애굽을 통해 하나님의 언약은 어느 정도 성취된 것처럼 보였습니다. 그들은 약속받은 가나안 땅으로 향했고 결국 여호수아 때에 가나안 땅을 차지합니다. 다윗과 솔로몬이 다스렸던 때는 이스라엘의 전성기였습니다. 그때 그들은 굉장히 넓은 영토를 가졌었고 강력한 국력을 열방에 자랑할 만한 나라였습니다. 그런데 이후에 펼쳐지는 그들의 역사를 살펴보면 비록 하나님이 언약을 성취하시는 과정의 일부라고 할지라도 그 사실이 무색할 정도로, 어느 나라나 흥망성쇠를 겪는다는 역사의 보편적 조건을 벗어나지 못하는 것처럼 보입니다.

구약 성경에서 초기 왕정 시대 부분을 보면 솔로몬 사후에 열

개 지파를 주축으로 하는 북 이스라엘과 유다와 베냐민 지파로 이루어진 남 유다로 갈리게 됩니다. 북 이스라엘에서는 선한 왕을 찾아볼 수가 없습니다. 계속해서 우상을 숭배하고 율법을 멀리한 이스라엘은 언제나 하나님의 말씀에서 떠나 있었습니다. 그리고 그들은 기원전 721년 혹은 722년에, 성경에 앗수르라고 기록되어 있는 앗시리아 대제국에 의하여 멸망합니다. 또 남 유다도 예레미야를 비롯한 많은 선지자가 경고했음에도 끝까지 하나님의 뜻을 거스르다가 결국 기원전 586년 혹은 587년에 나라가 망하고 예루살렘 성벽이 무너지고 심지어 언약궤가 있는 성전마저 파괴되는 참상을 겪습니다.

이제 이스라엘은 더는 하나님의 백성, 이스라엘로 불릴 수 없습니다. 이스라엘이라는 이름의 뜻이 무엇입니까? 창세기에 의하면 야곱이 얍복 강가에서 밤새 씨름하다가 하나님에게 받은 이름이 이스라엘입니다. 하나님과 겨루어 이겼다, 자식을 이기는 부모는 없다, 나는 너와 끝까지 함께하는 하나님이다, 라는 뜻을 가진 이름입니다. 그런데 이스라엘은 하나님의 뜻을 거스르다가 심판을 받아 이제 성전도 사라지고 진토와 같은 형국이 되어 버렸습니다. '이제 이스라엘의 운명은 어떻게 될 것인가. 언약의 자손이라고 일컬어졌던 이스라엘은 인류 역사의 수많은 민족과 같이 이런저런 흥망성쇠 이후에 마침내 역사의 뒤안길로 흩어져 흔적도 없이 사라지고 말 것인가'라는 두려움과 혼돈이 뒤섞인 질문이, 당시 바벨론에 잡혀갔던 포로 공동체 안에 팽배했을 것입니다.

예루살렘 성전이 완전히 무너지기 전에 몇 차례에 걸쳐 바벨론에 포로로 잡혀간 이들이 있었습니다. 그중에 에스겔이 있었습니다. 먼저 포로로 잡혀간 지도자들이나 백성들에게는, 예루살렘이 파괴되도록 하나님이 내버려 두시는 일은 없을 거라는 기대가 있었습니다. 그런데 그런 기대를 저버리고 예루살렘 성전이 다 무너졌다는 이야기를 들은 이스라엘 백성들은 마음 둘 곳이 사라졌습니다. 돌아갈 성전이 없습니다. 돌아갈 언약의 땅도 없습니다. 제사장도 없고 그 어떤 절기도 지킬 수 없게 되었습니다. 그 순간 그들은 더 이상 이스라엘이라는 명예로운 이름을 붙일 수 없는, 바벨론의 포로로 잡혀 와 있는 그저 그런 수많은 민족 중 하나로 전락해 버린 자신들의 처지를 직면했을 것입니다. 그런데 그때 하나님이 에스겔에게 환상을 보여 주시면서 본문 말씀을 하시는 것입니다.

여호와의 손길

에스겔 37장 1절에서 14절까지 이어지는 말씀은 교회사 내내 많은 예술가의 관심을 휘어잡았던 구절입니다. 그러나 이 구절은, 정확히 무엇을 의미하는지 헤아리기가 매우 어려운 말씀입니다. 읽는 이들에게 회복과 부활에 대한 하나님의 일하심을 기대하도록 하는 아주 특별한 환상이 에스겔 앞에 펼쳐지고 있습니다. 1절부터 살펴보겠습니다.

1 여호와께서 권능으로 내게 임재하시고 그의 영으로 나를 데리고 가서 골짜기 가운데 두셨는데 거기 뼈가 가득하더라 (겔 37 : 1)

권능으로 임재하셨다는 말은 1장에도 나오는 말인데, 히브리어 원어로 보면 '여호와의 손이 나를 이끄셨다'라는 뜻입니다. 하나님은 '너희가 이렇게 포로로 잡혀가 고생하고 있는 것은 당연한 일이지' 하고 내팽개쳐 두지 않으십니다. 하나님은 이스라엘의 망한 것 같은 현실 가운데 직접 손을 내밀어 일하시는 분입니다.

당시 바벨론을 중심으로 애굽에서 인도에 이르기까지 각기 다양한 민족들의 신화가 있었을 것입니다. 그런 신화들을 보면 그 중 어느 것에나 각 민족이 상상하고 믿었던, 세상을 창조한 신이 있습니다. 그런데 그런 다양한 신화들을 꼼꼼히 살펴보면, 모든 것의 기원인 신과 만물을 창조한 신, 그리고 같은 신화 체계 안에서 그 신을 비롯한 여러 신을 섬기는 어떤 민족을 구원하는 신이 일치하는 경우는 매우 드물다는 사실을 알게 됩니다. 오히려 이런 신들이 많습니다. '내가 세상을 만들었는데 세상이 왜 이렇게 혼돈스럽지? 세상이 왜 이렇게 엉망진창이지?' 세상을 만들어 놓고 어찌해야 할 바를 모르는 것입니다. 그리고 도망가듯이 사라져 버리는 신들이 많습니다. 우리에게 익숙한 신화 중 하나는 그리스 로마 신화인데 거기서 누가 창조의 신인지 기억나십니까? 거의 기억나지 않을 겁니다. 그 신화 체계에서는 카오스와 가이아 같은 신들의 신을 통해서 제우스나 헤라나 아폴론 같은 다른 신들이 생겨납니다. 그런데 신화의 초점은, 그 본성이 세상을 창조한 신들보다 인간에 가깝고, 인간 세상에 영향을 끼치는 근원적인 신에 의해 태어나거나 만들어진 신들에게 있고, 이 세상을 만든 신에 관한 이야기는 거의 없습니다.

그러나 성경에 나타나는 하나님은 전혀 다른 모습을 보여 주고 계십니다. 하나님은 무에서 유를 만드신 분입니다. 만물의 근원이시고, 인간을 창조하셨습니다. 그런데 동시에 하나님은 인간에게 화도 잘 내시고 속상해하십니다. 어떻게 창조의 신이 인간과 구분이 안 될 정도로 이렇게 가까운가, 라고 후대의 철학자들이나 종교에 대해서 사유를 했던 사람들이 오해할 만큼, 구약의 하나님은 자기 백성에게 굉장히 친밀하게 닿아 계십니다. 하나님이 권능으로 임재하신다, 권능으로 자신의 손을 펴신다, 라고 하는 표현이, 하나님이 인간과 같다는 오해를 불러일으키는 대표적 예입니다.

그런데 하나님에게 우리처럼 육체적 손이 있겠습니까. 아닙니다. 비유적 표현입니다. 하나님이 이스라엘에게 깊이 간섭하고 계시고, 이스라엘의 역사 속으로 뛰어들고 계시고, 그들의 현실을 외면하는 것이 아니라 팔을 걷어 올리고 그들 가운데 들어와 그들과 함께하신다는 것을 표현하는 말입니다. 저는 여기가, 우리가 섬기는 하나님이 가지고 계시는 당신의 백성들을 향하신 사랑이 얼마나 큰지 묵상하며 헤아려 볼 수 있는 지점이라고 생각합니다.

제 아이가 여섯 살 때 있었던 일입니다. 당시 양치질하는 문제로 아이와 많이 다투었는데, 그날도 자기 전에 30분 정도 실랑

이를 했습니다. "양치를 잘해야만 해. 네가 힘들면 아빠가 해 줄게." 이렇게 말했는데도 아이는 계속 안 하겠다며 버티고 떼쓰고 바닥에서 구릅니다. 제가 너무 화가 나서 "이제 난 너랑 더는 이야기할 것이 없어" 하고는 아이를 그냥 거실에 내버려 두고 집을 나와 버렸습니다. 물론 저는 지혜롭고 현명한 아버지이기 때문에 음식물 쓰레기를 버릴 겸 나간 것이었습니다. 집에 돌아와 보니, 아이는 아빠가 갑자기 사라져서 너무 놀라 펑펑 울고 있었습니다. 음식물 쓰레기를 버리러 다녀왔으니 시간이 얼마나 걸렸겠습니까. 한 5분도 지나지 않았습니다. 그런데 눈물, 콧물을 흘리는 아이의 모습을 보면서 제가 "거 봐, 아빠 말 안 들으니 몸도 마음도 힘들고 괴롭지? 그러니까 다음부터 잘 들어!"라고만 이야기했겠습니까. 일단 포옹하여 아이를 안정시킨 후에 눈물을 닦아 주었습니다. 옷도 벗기고 온몸을 깨끗하게 씻긴 후에 속옷도 갈아입혔습니다. 아버지라면 그런 상황 속에서 자식을 위해 팔을 걷어붙이는 것이 당연합니다. 하나님이 이런 분이십니다.

근거가 되어 주시는 창조주

에스겔은 제사장이었기 때문에 아마도 오늘날로 치면 도축업자에 가까운 기술을 가지고 있었을 것입니다. 왜냐하면 제사장은 사람들이 제물로 양이나 소 같은 짐승을 가지고 오면 각을 떠야 하기 때문입니다. 성경에는 각을 뜬다고 간단히 기록되어 있지만, 지금으로 치면 뼈 마디마디와 근육 사이사이를 해체하는 일인 것입니다. 도축업을 하시는 분들이 고기를 해체하듯이 말입니다. 그러니까 레위인이며 제사장 가문 출신인 에스겔은 아마도 고기를 해체하는 과정, 뼈를 발라내는 과정에 대한 훈련을 많이 받았을 것입니다. 그런 그에게 하나님이 어떤 환상을 보여 주십니까. 어느 골짜기 가운데로 그를 데리고 가십니다. 그 골짜기에는 뼈가 가득합니다.

> **2** 나를 그 뼈 사방으로 지나가게 하시기로 본즉 그 골짜기 지면에 뼈가 심히 많고 아주 말랐더라 (겔 37 : 2)

우리가 사는 동네 인근이나 가까운 야산에 사람 뼈가 발견되면 당장 온갖 언론에서 대서특필할 것입니다. 그런데 그런 사람의 뼈가 골짜기에 가득했다는 말은 참혹한 대학살을 떠올리게 만듭니다. 심지어 뼈가 바싹 말랐다고 합니다. 모든 생명이 끊어져서 소생의 가능성뿐만 아니라 일말의 소망조차 기대하기 어려운 상황과 현실을 묘사하고 있습니다. 그때 주께서 에스겔에게 물어보십니다.

> **3** 그가 내게 이르시되 인자야 이 뼈들이 능히 살 수 있겠느냐 하시기로 내가 대답하되 주 여호와여 주께서 아시나이다 **4** 또 내게 이르시되 너는 이 모든 뼈에게 대언하여 이르기를 너희 마른 뼈들아 여호와의 말씀을 들을지어다 **5** 주 여호와께서 이 뼈들에게 이같이 말씀하시기를 내가 생기를 너희에게 들어가게 하리니 너희가 살아나리라 **6** 너희 위에 힘줄을 두고 살을 입히고 가죽으로 덮고 너희 속에 생기

를 넣으리니 너희가 살아나리라 또 내가 여호와인 줄 너희가 알리라 하셨다 하라 (겔 37:3-6)

주께서 에스겔에게 '이 뼈들이 능히 살 수 있겠느냐'라고 물으십니다. 에스겔은 주께서 아신다고 고백합니다. 저 같으면 '이게 어떻게 살아납니까? 주님, 농담이 너무 지나치십니다'라고 이야기했을 것 같습니다. 그런데 주님은 에스겔에게 "예언해라. 나의 말을 전해라. 그러면 그 뼈에 살이 붙고, 힘이 붙고, 그것이 살아날 것이다"라고 말씀하십니다. 에스겔이 순종하여 말씀을 전하자, 주님이 말씀하신 일이 일어납니다.

7 이에 내가 명령을 따라 대언하니 대언할 때에 소리가 나고 움직이며 이 뼈, 저
뼈가 들어 맞아 뼈들이 서로 연결되더라 **8** 내가 또 보니 그 뼈에 힘줄이 생기고
살이 오르며 그 위에 가죽이 덮이나 그 속에 생기는 없더라 **9** 또 내게 이르시되
인자야 너는 생기를 향하여 대언하라 생기에게 대언하여 이르기를 주 여호와께서
이같이 말씀하시기를 생기야 사방에서부터 와서 이 죽음을 당한 자에게 불어서
살아나게 하라 하셨다 하라 **10** 이에 내가 그 명령대로 대언하였더니 생기가 그들
에게 들어가매 그들이 곧 살아나서 일어나 서는데 극히 큰 군대더라 (겔 37:7-10)

어렸을 때 이 대목을 읽으면, 좀비 영화의 한 장면이나 중국에 있는 병마용 같은 것을 떠올리고는 했습니다. 사실, 이 구절이 정확히 어떤 의미를 나타내는지 헤아리기란 만만치 않습니다. 하지만 이 본문을 곰곰이 읽어 보면 인간을 창조할 때와 반대 순서로

일이 벌어지고 있다는 사실을 알 수 있습니다.

지금 하나님이 에스겔에게 하시는 말씀이 이스라엘에 전해졌을 때, 그들의 마음에는 이런 말씀이 들리는 것입니다. '너희는 끝났다고 생각하지 마라. 곰곰이 생각해 보아라. 너희가 이스라엘인 이유가 무엇이냐. 하나님이 너희에게 이스라엘 땅을 주시고 예루살렘 성전을 주시지 않았느냐. 성전은 누가 지었으며 그 땅은 누가 확보했느냐. 가장 넓은 땅을 확보했던 때는 솔로몬 왕 때였고 성전도 솔로몬이 지었다. 그런데 솔로몬이 그냥 지었겠느냐. 다윗이 그 성전에 필요한 모든 것을 준비했고 하나님이 다윗에게 주셨던 약속의 성취로 성전이 지어졌던 것 아니냐. 그런 다윗은 어떻게 왕이 되었느냐. 다윗이 가지고 있던 능력 때문이 아니다. 이미 하나님이 여호수아를 통해서 열두 지파에게 가나안 땅을 주셨고 그중 유다 지파의 후손이었던 다윗을 세우셔서 이스라엘을 강건하게 하셨다. 그런데 여호수아는 어떻게 그 땅을 차지하게 되었느냐. 그가 모세의 후계자였기 때문이다. 그렇다면 모세는 어떻게 가나안 땅 앞까지 이스라엘을 인도할 수 있었느냐. 원래 이스라엘은 애굽에서 노예 생활을 하고 있었는데 하나님이 모세를 보내셔서 홍해를 가르시는 기적으로 이스라엘을 구출해 내시고 시내 산에서 그 백성들과 언약을 맺으시고 그들에게 복을 주시고 끝까지 그들과 함께하셔서 지금 여기까지 그들을 이끌고 오시지 않았느냐. 그러면 하나님은 왜 모세를 부르셨는가. 출애굽기 3장을 보라. 하나님이 그의 행위나 업적이나 태도를 보시고 모세를 부르신 것이 아니다. 모세의 선조들인 아브라함과 이삭과 야곱과 요셉과 하신 언약을 기억하셔서 모세를 불러내신 것이다. 하나님은 아브라함을 어떻게 불러내셨는가. 아브라함이 갈대아 우르에서 우상을 숭배하며 살 때 하나님이 '내가 한 사람을 택하여 그로 말미암아 이루어지게 되는 한 민족을 통하여 나의 뜻을 온 땅에 펼치리라'라고 말씀하셨다. 그렇게 하나님의 거룩하신 손길로 그가 선택을 받은 것이다. 그런데 그 전에 어떤 일이 일어났는가. 창세기 11장에 의하면 인간들이 '우리가 흩어지지 말자. 우리가 하나님에게로 높아지자'라며 바벨탑을 쌓았다. 그러자 주님은 그것을 치셔서 모든 사람을 온 세상에 흩어지게 하셨다. 그런데 그 일은 그들이 다시는 심판을 받지 않기 위해 내놓은 나름의 자구책이었다. 그들이 떠올렸던 심판은 홍수가 나서 온 세상이 물에 잠겨 모든 생명체가 멸절된 바로 그 사건이다. 그런데 노아의 때에 일어났던 그 홍수 사건은 왜 일어났는가. 하나님이 복을 주시며 지으신 인간이 하나님의 명령이 아닌 자기들의 뜻을 앞세우며 선악과를 따 먹은 죄로 인해 펼쳐지게 된 인류의 행태가, 하나님이 당신이 지으신 것들을 다시 없는 것으로 돌려 버리실 수밖에 없을 정도로 부패했기 때문에, 하나님이 그리하신 것이다. 그런데 하나님이 그렇게 심판하실 수밖에 없었던 인류 역사의 기원에는 무엇이 있는가. 하나님이 이 세상을 만드셨다고 하는 하나님의 창조 사건이 전제되어 있고 그 창조 사건의 정점인 인간을 만드신 일이 전제되어 있다.'

이런 내용을 전제하고 에스겔 37장을 이해해야 합니다. 무에서 유를 만드신 하나님, 말씀으로 빛을 만드시고 궁창을 만드시고 바다를 만드시고 사람을 지으신 하나님이, 지금 진토가 되어 버리고 백골이 되어 버린 시체들 앞에서 말씀하십니다. 주님이 다시 한번, 창조의 때에 하나님이 행하셨던 성령의 능력으로 그들에게 생기를 넣어 그 모든 뼈를 되살리며 하나님의 군대로 일으키고 계십니다. 그리고 이 모든 과정을 에스겔을 통해 이스라엘 백성들이 전해 듣고 읽게 하심으로 이스라엘의 근거는 하나님에게 있다고 말씀하시는 것입니다. '우리에게는 소망이 없다. 왕도 사라지고 제사장도 사라지고 성전도 사라졌다. 그런데 누가 계신가? 하나님이 계신다. 무엇이 있는가? 하나님의 말씀이 있다. 이 말씀은 어떤 말씀인가? 태초에 빛이 있으라고 하신 그 말씀이다. 태초에 그 코에 생기를 불어넣으셔서 흙이었던 아담을 사람으로 만드신 그 말씀이다. 그 말씀이 지금 너희 앞에 펼쳐지고 있다.'

생각해 봅시다. 사람이 자기의 근거와 뿌리라고 내세울 수 있는 것은 그리 많지 않습니다. 우리는 어떤 사람을 알고 싶을 때, 으레 이런 질문들을 하곤 합니다. '당신은 어디 성씨입니까? 본관이 어디입니까? 어느 지역 출신입니까? 어디서 자랐습니까? 어느 학교를 나왔습니까? 어느 나라 사람입니까?' 이런 정보는 사람이 자기의 정체성을 인식하는 데 굉장히 중요한 것들입니다. 그런데 그것들이 모두 뿌리째 뽑힌 상황, 더는 돌아갈 고향이 없고, 더는 아브라함의 후손이라고 하는 사실이 자랑이 되지 않는 상황에서 이스라엘은 자신의 근거를 어디에 둘 수 있겠습니까. 그들에게 성전이 있다는 사실이 더는 민족 정체성의 근거가 되지 않는 상황에서 그들이 붙잡을 수 있는 것은 무엇이겠습니까.

여호와께서 창조의 주님이며 그 창조의 주께서 지금도 우리 가운데 말씀하고 계신다, 그 창조의 주님은 창조 세계를 내버려두고 그냥 멀리 도망가는 무책임한 신이 아니라, 창조 세계 속에 끊임없이 개입하셔서 노아와 아브라함과 모세와 다윗을 통하여 그의 백성들을 일으키셨다, 그러한 창조의 주님이 우리를 구원하시는 구속의 주님이 되실 것이다, 그분은 우리를 회복하시고, 부활시키시고, 다시 한번 강건하게 하시는 부활의 주이시며 생명의 주인이시다, 라고 하는 내용이 당시 이스라엘 백성들에게 환상을 통해 전해지는 말씀의 속뜻이었습니다.

무덤들이 열리며

이 환상이 드러내는 표면적 의미는 아마도 정치적이고 민족적인 내용이었을 것입니다. 15절 이후의 말씀을 살펴보겠습니다.

> 15 여호와의 말씀이 또 내게 임하여 이르시되 16 인자야 너는 막대기 하나를 가져
> 다가 그 위에 유다와 그 짝 이스라엘 자손이라 쓰고 또 다른 막대기 하나를 가지
> 고 그 위에 에브라임의 막대기 곧 요셉과 그 짝 이스라엘 온 족속이라 쓰고 17 그
> 막대기들을 서로 합하여 하나가 되게 하라 네 손에서 둘이 하나가 되리라 18 네
> 민족이 네게 말하여 이르기를 이것이 무슨 뜻인지 우리에게 말하지 아니하겠느냐
> 하거든 19 너는 곧 이르기를 주 여호와께서 이같이 말씀하시기를 내가 에브라임

의 손에 있는 바 요셉과 그 짝 이스라엘 지파들의 막대기를 가져다가 유다의 막대
기에 붙여서 한 막대기가 되게 한즉 내 손에서 하나가 되리라 하셨다 하고 **20** 너
는 그 글 쓴 막대기들을 무리의 눈 앞에서 손에 잡고 **21** 그들에게 이르기를 주 여
호와께서 이같이 말씀하시기를 내가 이스라엘 자손을 잡혀 간 여러 나라에서 인
도하며 그 사방에서 모아서 그 고국 땅으로 돌아가게 하고 **22** 그 땅 이스라엘 모
든 산에서 그들이 한 나라를 이루어서 한 임금이 모두 다스리게 하리니 그들이 다
시는 두 민족이 되지 아니하며 두 나라로 나누이지 아니할지라 **23** 그들이 그 우
상들과 가증한 물건과 그 모든 죄악으로 더 이상 자신들을 더럽히지 아니하리라
내가 그들을 그 범죄한 모든 처소에서 구원하여 정결하게 한즉 그들은 내 백성이
되고 나는 그들의 하나님이 되리라 **24** 내 종 다윗이 그들의 왕이 되리니 그들 모
두에게 한 목자가 있을 것이라 그들이 내 규례를 준수하고 내 율례를 지켜 행하
며 **25** 내가 내 종 야곱에게 준 땅 곧 그의 조상들이 거주하던 땅에 그들이 거주
하되 그들과 그들의 자자 손손이 영원히 거기에 거주할 것이요 내 종 다윗이 영
원히 그들의 왕이 되리라 **26** 내가 그들과 화평의 언약을 세워서 영원한 언약이
되게 하고 또 그들을 견고하고 번성하게 하며 내 성소를 그 가운데에 세워서 영
원히 이르게 하리니 **27** 내 처소가 그들 가운데에 있을 것이며 나는 그들의 하나
님이 되고 그들은 내 백성이 되리라 **28** 내 성소가 영원토록 그들 가운데에 있으
리니 내가 이스라엘을 거룩하게 하는 여호와인 줄을 열국이 알리라 하셨다 하라
(겔 37:15-28)

원래 한 나라였던 이스라엘은 솔로몬이 죽고 난 후에 북 이스라엘과 남 유다로 나누어졌습니다. 그런데 주님이 에스겔에게 막대기 하나에는 유다, 또 다른 막대기 하나에는 이스라엘이라고

쓴 후에 그 두 막대기를 합해 하나로 만들라는 명령을 하십니다. 그 일은 이스라엘이 하나가 되는 일을 상징합니다. 그리고 이 뼈들이 회복되어서 무엇을 만들어 냅니까. 군대를 만들어 냅니다. 에스겔 38장에서는, 최후의 날에 거대한 전쟁이 일어날 텐데 그때 이 군대가 악한 이들에게 맞서는 주님의 강력한 군대로서 활동할 것이라고 합니다.

그런데 실제 역사 속에서는 북 이스라엘과 남 유다가 다시 하나가 되어 옛 왕국이 회복되는 일은 일어나지 않았습니다. 유다의 백성들과 그들이 거주하는 땅은, 바벨론의 지배를 받은 후 페르시아의 지배를 받고 페르시아의 지배가 끝나자 그리스인들의 지배를 받게 됩니다. 그 후 수십 년간 독립된 왕조를 이루었던 적은 있지만 역사 전체를 보면 매우 짧은 시간입니다. '마카비 왕조'라고 이름 붙인 그 나라는 제대로 된 나라라고 보기 어렵습니다. 그리고 로마 사람들이 와서 이스라엘을 처참하게 다스립니다. 기원후 70년에 예루살렘 성전은 최종적으로 파괴되어 지금까지도 회복되지 않고 있습니다. 133년 즈음에 로마에 대항하여 일으킨 반란의 결과로, 지금의 팔레스타인 지역, 지금의 이스라엘 국가 지역에 유대인들이 더는 살 수 없도록 로마의 황제가 그들을 다 내어 쫓습니다. 이런 까닭에 우리는 '이스라엘 또는 유다라고 하는 민족적이고 혈통적이고 역사적인 공동체에게 과연 이 예언의 말씀이 성취되었는가?'라고 묻게 됩니다. 그런데 우리는 신약 성경에 기록된, 예수께서 오셔서 행하신 사역을 통해, 이 예언이 단지 이스라엘만을 위한 이야기가 아니라는 것을 알게 됩니다. 구약의 이스라엘 민족에 부으셨던 하나님의 은혜와 통치가 신약 시대에 예수 그리스도로 말미암아 모든 이방인에게 열린 것과 같이, 이 환상이 뜻하는 바는 모두에게 적용되는 하나님의 말씀이라는 사실을 알 수 있습니다.

이 대목에서 마태복음 27장을 살펴보면 좋겠습니다. 마태복음 27장에는 이 땅에 오신 진정한 왕이자 제사장이며 진정한 선지자이신 예수 그리스도께서 십자가에 매달려 죽으시고 무덤에 거하시는 장면이 묘사되어 있습니다.

> **45** 제육시로부터 온 땅에 어둠이 임하여 제구시까지 계속되더니 **46** 제구시쯤에 예수께서 크게 소리 질러 이르시되 엘리 엘리 라마 사박다니 하시니 이는 곧 나의 하나님, 나의 하나님, 어찌하여 나를 버리셨나이까 하는 뜻이라 (마 27 : 45–46)

이 땅에 오신 하나님이며 완벽한 인간의 전형인 예수님조차 "하나님, 어찌하여 나를 버리셨나이까"라고 외칠 수밖에 없는 순간을 겪고 계십니다. 버림받고 비참하고 끔찍한 삶을 살 수밖에 없는 인류 전체의 비명을 성자께서 지르고 계십니다. 50절을 보면 예수의 영혼이 육신을 떠나갑니다.

> **50** 예수께서 다시 크게 소리 지르시고 영혼이 떠나시니라 (마 27 : 50)

그런데 예수께서 죽음 가운데 거하시게 될 때 어떤 일이 일어납니까. 이후에 굉장히 역설적인 내용이 서술되어 있습니다.

51 이에 성소 휘장이 위로부터 아래까지 찢어져 둘이 되고 땅이 진동하며 바위
가 터지고 52 무덤들이 열리며 자던 성도의 몸이 많이 일어나되 53 예수의 부
활 후에 그들이 무덤에서 나와서 거룩한 성에 들어가 많은 사람에게 보이니라
(마 27 : 51–53)

이 본문도 이해하기가 쉽지 않습니다. 더욱이 이 사건은 마태복음에만 기록되어 있고 다른 복음서에는 없는 내용일뿐더러, 마태복음에도 이 일에 대한 자세한 설명은 없습니다. 예수의 죽음 때문에 죽었던 성도가 일어났다는 보도는, 신약의 다른 곳에서는 찾아보기 어려운 기록입니다. 그런데 이 사건은 예수의 죽음으로 말미암아 하나님이 죽음의 자리까지 가셨다는 것을 뜻합니다. 하나님의 부재를 여실히 드러내는 상징인 바로 죽음의 자리에 하나님이 가시자, 죽음이 하나님을 이길 수 없고, '하나님 없음'이 '하나님 있음'을 몰아낼 수 없다는 사실이 드러납니다. 하나님이 가지 못하는 곳이나 품지 못하는 것은 없습니다. 하나님의 임재가 미치지 못하는 장소는 없습니다. 예수의 죽음은 모든 사망 권세를 끝낸 사건입니다. 주님의 빛이 어두움에 비추어지자 어두움은 발붙일 곳이 없게 되었습니다. 더는 사망이 성도들을 묶어 두거나 괴롭히지 못합니다. 하나님의 구원 역사가 성취되었기 때문입니다.

에스겔 37장에 의하면 에스겔이 대언할 때에 땅이 흔들리고 큰 소리가 나면서 뼈들이 맞춰졌다고 합니다. 지진을 연상하게 하는 대목입니다. 지금 시리아 지역의 동북부에는 유프라테스강

의 끝자락에 두라 에우로포스라고 하는 도시가 있습니다. 고대 도시인데, 지금은 시리아가 내전 중이니 찾아가 보기가 어렵습니다. 그 도시는 기원전 3세기부터 기원후 3세기에 이르기까지의 회당과 교회가 남아 있는 지역입니다. 고고학적으로 발굴할 수 있는 가장 오래된 회당 혹은 교회라고 합니다. 거기 벽면에는 성경 내용을 기반으로 한 여러 그림이 그려져 있는데 에스겔의 그림도 그려져 있습니다. 그 그림은 미국 예일대 박물관에 일부가 전시되어 있고 인터넷으로도 찾아볼 수 있습니다. 그 그림에는 에스겔 37장의 모습이 묘사되어 있는데, 산이 하나 그려져 있습니다. 그 산은 쪼개져 있고 거기에 시신들이 널브러져 있습니다. 그 앞에서 에스겔이 하나님의 말씀을 대언합니다. 그런데 재미있는 장면이 있습니다. 사람 손 같은 모양이 여러 개 있는데 그 손이 뼈들 사이에서 온전한 사람을 붙들어 일으키고 있습니다. 하나님의 권능, 하나님의 임재, 하나님의 손이 뼈들을 일으키고 회복하시는 모습을 생생하게 보여 주고 있습니다.

에스겔의 환상이 우리에게 보여 주는 것은 무엇입니까? 세상을 창조하셨던 하나님이 지금도 창조주의 능력으로 일하고 계신다는 사실입니다. 그분이 태초에 말씀으로 이 세계를 창조하신 창조주라면, 무에서 유를 만드실 수 있는 분이라면, 지금까지 이어지고 있는 이 세상이 심히 어그러지고 회복 불가능할 정도로 망가진 것처럼 보인다고 해도, 그분의 말씀이 회복하지 못하는 처참한 상황은 없다는 의미입니다.

예수의 죽음이 무엇을 만들었습니까. 무덤이 성도들을 더 이상 가둘 수 없게 만들었습니다. 창조주이신 주님이 이제 구속의 주로 우리에게 다가오셔서 우리를 구원하시고, 생명의 주로 지금 우리 삶 가운데 일하고 계신다면, 삼위일체 하나님의 일하심을 막을 수 있는 것이 어디 있겠습니까. 시체가 되었다고요? 더는 희망이 없다고요? 더는 회복할 수 없을 정도로 심하게 망가졌다고요? 하나님 앞에서는 그 모든 것이 회복될 수 있습니다. 무에서 유를 만드신 하나님, 그 하나님이 지금 우리의 하나님이신데, 무엇 때문에 우리가 벌벌 떨겠습니까. 무엇 때문에 우리가 스스로를 자책의 웅덩이 속에 빠뜨리면서 수치 속에 머물러 있겠습니까. 없던 것을 있는 것으로 만드시는 하나님이 우리 하나님이시고, 우리를 죽음에서 부활로 일으키시는 하나님이 우리 아버지이십니다. 태초에 진흙과 티끌을 향해 "생기야, 그 코에 들어가라"라고 말씀하시며 티끌과 진흙을 하나의 생명으로 바꾸어 내신 주의 성령께서 지금 우리와 함께 계시는데 우리가 무엇을 두려워하겠습니까. 우리가 무엇을 겁내겠습니까. 우리가 무엇을 주저하겠습니까.

죽은 자 가운데서 살리신 이의 영이

이러한 주님의 음성이 요한복음에는 이렇게 기록되어 있습니다. 요한복음 20장 19절입니다.

19 이 날 곧 안식 후 첫날 저녁 때에 제자들이 유대인들을 두려워하여 모인 곳의

문들을 닫았더니 예수께서 오사 가운데 서서 이르시되 너희에게 평강이 있을지어
다 (요 20 : 19)

제가 이 당시 제자 중 하나였다면 이렇게 반문했을 것입니다. '평강이라니요? 샬롬이라니요? 지금 저희의 삶을 보시고도 그런 말씀이 나오십니까? 저희가 주님을 3년 동안 쫓아다녔다가 지금 완전히 반역자로 몰려서 죽게 생겼습니다. 오죽하면 우리가 문을 꽁꽁 닫고 숨어 있겠습니까. 그런데 우리한테 평강이라니요.' 제자들도 되묻고 싶었을 것입니다. 그런데 주님이 이렇게 말씀하십니다.

20 이 말씀을 하시고 손과 옆구리를 보이시니 제자들이 주를 보고 기뻐하더라
(요 20 : 20)

주님의 손과 옆구리에 무엇이 있습니까. 못에 박힌 상처와 창에 찔린 상처가 있습니다. 주님이 이렇게 말씀하시는 것입니다. "괜찮다. 내가 죽음의 자리까지 함께했노라." "괜찮다. 이스라엘아, 네가 마른 뼈같이 망했다고 할지라도 나는 그것을 반전하고 역전할 수 있는 너희 주 하나님이니라." 그리고 이렇게 말씀하십니다.

21 예수께서 또 이르시되 너희에게 평강이 있을지어다 아버지께서 나를 보내신
것 같이 나도 너희를 보내노라 (요 20 : 21)

어릴 때는 이 말씀을 평안을 주는 말씀으로 생각했습니다. 그런데 나이가 들어서 보니, 굉장히 무서운 이야기입니다. '아버지께서 나를 보내신 것 같이 나도 너희를 보내노라.' 주님이 어디까지 가셨습니까. 십자가, 무덤까지입니다. 그렇습니다. 우리 앞에 십자가가 없다고 누가 이야기합니까. 물론 주님이 지신 십자가와 우리가 지는 십자가는 다르지만 말입니다. 우리 앞에 무덤이 없다고 누가 이야기합니까. 우리 앞에 사망의 음침한 골짜기가 없다고 누가 이야기합니까. 우리는 사망의 음침한 골짜기를 지납니다. 자기의 십자가를 지고 걸어갑니다. 우리 모두 장차 사망의 자리까지 갈 것입니다. 그런데 주님이 괜찮다고 말씀하시는 것입니다. 그 지경까지 창조의 주님이 함께하시기 때문입니다.

22 이 말씀을 하시고 그들을 향하사 숨을 내쉬며 이르시되 성령을 받으라 (요 20 : 22)

이 말씀은 에스겔 37장을 염두에 두고 하신 말씀이 아닌가 싶습니다. 생기가 마른 뼈에 들어갈 때 군대가 되듯이 예수님의 생기, 주님의 호흡이 너희 가운데 임할 때 너희는 어디든 갈 수 있을 것이다, 너희는 누구든 만날 수 있을 것이다, 너희가 만나는 사람마다, 죄의 속박과 사슬에 묶여 멸망으로 가는 삶이 아닌 성령과 함께하는 너의 삶, 곧 새로운 존재의 양식을 보고, 생명을 얻는 삶으로 나오게 될 것이다, 라는 말씀을 이어지는 23절 말씀에서 확인할 수 있습니다.

23 너희가 누구의 죄든지 사하면 사하여질 것이요 누구의 죄든지 그대로 두면 그대로 있으리라 하시니라 (요 20 : 23)

마지막으로 로마서 8장을 보겠습니다. 로마서 8장의 이야기는 7장에서 이어지는 내용입니다. 로마서 7장에는 '나는 마음으로는 하나님의 법을 따르고 육신으로는 사망의 법을 따른다. 오호라 나는 곤고한 사람이로다. 누가 나를 이 사망의 몸에서 건져내랴' 하는 비명이 있습니다. 그런데 바울은 로마서 8장에서 '걱정하지 마라. 너는 더 이상 정죄받지 않는다. 그리고 망하지 않는다'라고 합니다. 그 일이 어떻게 가능할까요. 바울이 그 이유를 말하고 있습니다.

8 육신에 있는 자들은 하나님을 기쁘시게 할 수 없느니라 9 만일 너희 속에 하나님의 영이 거하시면 너희가 육신에 있지 아니하고 영에 있나니 누구든지 그리스도의 영이 없으면 그리스도의 사람이 아니라 10 또 그리스도께서 너희 안에 계시면 몸은 죄로 말미암아 죽은 것이나 영은 의로 말미암아 살아 있는 것이니라 (롬 8 : 8-10)

어제는 주님의 영이 나와 함께 있는 것 같았는데, 오늘은 내가 부끄러운 행동을 해서 주님의 영이 나와 함께 계시지 않는 것 같다며 자책하는 식으로 이 말씀을 읽으면 안 됩니다. 오히려 반대로 읽어야 합니다. '내가 나를 보면 진짜 못났는데, 지금 교회에 나와서 예배드리고 있네. 할렐루야. 이 못난 놈이 그래도 주님의 이름을 부르고 있네. 세상에서 내내 허덕이다가도 주일에 교회에 나와 말씀을 읽고 있네. 내 삶을 보면 너무나 부끄럽지만 그래도 내가 주님 앞에 기도하고 있네. 내가 어떻게 기도를 할 수 있을까. 내가 어떻게 예배의 자리로 나아올 수 있을까. 내가 어떻게 치욕스러움과 한스러움에도 불구하고 이 자리에 나와서 주의 말씀을 들을 수 있을까. 이렇게 할 수 있는 것은 내가 육신에만 속한 존재가 아니라 내 안에 주님이 계시기 때문에 가능한 일이 아닌가!' 이런 생각을 해야 합니다. 그렇게 주님의 영으로 부름을 받은 자들에게 주님이 이렇게 말씀하십니다.

> 11 예수를 죽은 자 가운데서 살리신 이의 영이 너희 안에 거하시면 그리스도 예수를 죽은 자 가운데서 살리신 이가 너희 안에 거하시는 그의 영으로 말미암아 너희 죽을 몸도 살리시리라 (롬 8 : 11)

지금 내 상황이 에스겔이 본 골짜기에 있는 백골보다 못하다고 느껴집니까. 그런데 소망이 없고, 모든 것이 끝장난 것 같은 생각이 사라지지 않는다고 할지라도, 지금 살을 지닌 존재로 살아 있지 않습니까. 움직이는 근육이 있지 않습니까. 생명이 있지 않습니까. 우리를 망하게 할 수 있는 것은 아무것도 없으며, 창조의 주께서, 구속의 주께서, 생명의 주께서, 삼위일체 되시는 주께서 지금 우리와 함께하신다고 성경에서 외치는 이 말씀이, 오늘날 암흑과 혼돈, 무의미를 향해서 달려가는 것 같은 우리에게 들리기를 바랍니다. 소망 없어 보이는 우리의 실존을 향해 '빛이 있으라' 말씀하시는 주의 음성이 우리의 심령에 들리기를 원합니다. 그런 주의 음성을 듣는 자로서 이 땅을 사는 우리가 되기를 주님의 이름으로 권면합니다.

기도

하나님, 감사합니다. 주님은 우리의 창조의 주님이시요, 구속의 주님이시요, 우리를 살아가게 하시는 생명의 주님이십니다. 주님이 우리와 함께하시니 우리 앞에 펼쳐지는 모든 도전이, 심지어 사망의 깊은 골짜기조차 우리를 망하게 할 수 없음을 고백합니다. 주와 함께 이 길을 걷기 원합니다. 우리를 막을 수 있는 것은 그 무엇도 없습니다. 우리에게 더욱더 큰 성령의 능력을 부으셔서 우리가 주의 자녀답게 이 세상을 살아가게 하시고, 우리의 오늘이 어제보다 나아지게 하시며, 매일 한날의 시간만큼 주님을 더 닮아 가는 우리의 인생이 되게 하여 주옵소서. 우리의 구주이신 예수 그리스도의 이름으로 기도합니다. 아멘.

03

영원한 평화를 위한 아마겟돈

서정걸

17 주 여호와께서 이같이 말씀하셨느니라 내가 옛적에 내 종 이스라엘 선지자들을 통
하여 말한 사람이 네가 아니냐 그들이 그 때에 여러 해 동안 예언하기를 내가 너를 이
끌어다가 그들을 치게 하리라 **18** 그 날에 곡이 이스라엘 땅을 치러 오면 내 노여움이
내 얼굴에 나타나리라 주 여호와의 말씀이니라 **19** 내가 질투와 맹렬한 노여움으로 말
하였거니와 그 날에 큰 지진이 이스라엘 땅에 일어나서 **20** 바다의 고기들과 공중의
새들과 들의 짐승들과 땅에 기는 모든 벌레와 지면에 있는 모든 사람이 내 앞에서 떨
것이며 모든 산이 무너지며 절벽이 떨어지며 모든 성벽이 땅에 무너지리라 **21** 주 여
호와의 말씀이니라 내가 내 모든 산 중에서 그를 칠 칼을 부르리니 각 사람이 칼로 그
형제를 칠 것이며 **22** 내가 또 전염병과 피로 그를 심판하며 쏟아지는 폭우와 큰 우박
덩이와 불과 유황으로 그와 그 모든 무리와 그와 함께 있는 많은 백성에게 비를 내리
듯 하리라 **23** 이같이 내가 여러 나라의 눈에 내 위대함과 내 거룩함을 나타내어 나를
알게 하리니 내가 여호와인 줄을 그들이 알리라 (겔 38:17-23)

평화를 깨시는 하나님

만약 본문 말씀을 매일 묵상하는 큐티 책자에서 접했다면 이 말씀에서 교훈과 적용을 끌어내기가 쉽지 않았을 것입니다. 대부분 당황스러워 할 것이고 어쩌면 이런 본문들은 큐티에 나오지 않는 것이 좋겠다고 생각할 수도 있습니다. 본문과 같은 말씀을 묵상집에서처럼 작은 단위의 문단으로 잘라 읽게 되면 본문이 말하고자 하는 주제를 담고 있는 큰 맥락을 읽어 내기가 어렵습니다. 성경을 읽을 때는 문학적 맥락과 서술하고 있는 내용의 역사적 맥락을 함께 고려해야 각 말씀의 진의를 제대로 발견할 수 있기 때문입니다. 그러니 본문 말씀이 속한 큰 문학적 단락인 에스겔 38장에서 39장의 말씀이 에스겔서 전체의 맥락에서 어떤 기능을 하며 우리에게 어떤 메시지를 주는지 먼저 살펴봅시다.

에스겔서는 33장에 이르러 예루살렘이 완전히 함락되어 무너졌다는 소식이 포로 사회에 전해지는 것을 기점으로, 내용이 심판에서 회복으로 급격하게 전환됩니다. 이전까지는 유다 왕국과 예루살렘에 대한 정죄와 심판, 그리고 이스라엘이 멸망하는 것을 기뻐한 주변 민족들에 대한 심판의 메시지였다면, 34장부터 48장까지의 메시지는 이스라엘의 구원과 회복, 영원한 새 언약과 새 성전의 영광으로 나아가고 완성됩니다.

이렇게 심판과 회복이라는 선지서의 전형적인 구조가 에스겔서에서 아주 분명하게 드러납니다. 앞부분은 읽는 것만으로도 불편할 만큼 정죄와 심판에 집중하고, 뒷부분은 믿을 수 없는 스케일로 은혜로운 구원과 회복을 보여 줍니다. 33장 이후의 말씀들을 조금 더 세분해 보면, 34장에서 37장, 38장과 39장, 그리고 40장에서 48장으로 나눌 수 있습니다.

첫 번째 단락인 34장에서 37장은 하나님이 이스라엘 나라를 회복하시는 모습을 보여 줍니다. 이스라엘의 부패한 통치자들을 심판하심으로써 그 아래서 신음하던 백성들을 구하시고, 이스라엘이 멸망할 때 그 기회를 틈타 원한을 갚고 자기 세력을 넓히려 했던 에돔을 심판하시며, 이스라엘 땅과 산들을 회복하시고 거기에 살 이스라엘 백성들을 정결하게 하셔서 그들에게 새 언약을 주겠다고 약속하십니다. 그리고 회복의 말씀은 절정에 이르러, 예루살렘과 성전이 무너졌다는 소식을 듣고 "우리의 뼈가 다 말랐다. 소망이 없다"라고 절망한 포로들에게 마른 뼈 골짜기의 환상을 보여 줍니다. 그리고 이어지는 말씀에서, 회복될 새 이스라엘은 남과 북이 하나가 되어 열두 지파를 이룬 온전한 모습으로 회복되고 다윗 왕의 통치를 받게 될 것이라고 선언하십니다. 이스라엘 역사에서 가장 찬란하고 영광스러웠던, 경건한 왕 다윗의 시대를 회복하겠다는 믿을 수 없는 약속을 주십니다.

이렇게 37장까지, 구원과 영광의 회복이라는 주제를, 당시 포로들의 현실에서는 도저히 상상도 할 수 없는 수준까지 밀어붙여 온 지점에서 38장과 39장을 읽어 보면 앞뒤의 흐름이 자연스럽지 않다고 느껴집니다. 37장 마지막 부분을 함께 봅시다.

> 26 내가 그들과 화평의 언약을 세워서 영원한 언약이 되게 하고 또 그들을 견고하고 번성하게 하며 내 성소를 그 가운데에 세워서 영원히 이르게 하리니 27 내 처소가 그들 가운데에 있을 것이며 나는 그들의 하나님이 되고 그들은 내 백성이 되리라 28 내 성소가 영원토록 그들 가운데에 있으리니 내가 이스라엘을 거룩하게 하는 여호와인 줄을 열국이 알리라 하셨다 하라 (겔 37 : 26–28)

회복의 비전을 갈무리하는 이 은혜로운 약속에서 38장과 39장을 건너뛰고 40장으로 넘어가면 흐름이 아주 자연스럽습니다. 40장에서 48장은, 하나님이 37장 마지막에 약속하신 그 백성과 영원토록 함께하실 성소, 즉 새 성전을 보여 주시는 환상입니다. 이렇게 38장과 39장을 건너뛰고 40장으로 이어져야 흐름이 자연스럽습니다. 오히려 38장과 39장이 끼어들어 좋았던 분위기가 깨지고 괜스레 긴장만 더하는 것처럼 느껴집니다.

38장과 39장은, 마곡 땅의 로스와 메섹, 그리고 두발의 왕 곡이 연합하여 하나님의 백성이 거하는 이스라엘 땅을 침략해 오고, 하나님이 이들을 심판하시는 이야기입니다. 38장 1절 이하의 말씀을 보겠습니다.

> 1 여호와의 말씀이 내게 임하여 이르시되 2 인자야 너는 마곡 땅에 있는 로스와
> 메섹과 두발 왕 곧 곡에게로 얼굴을 향하고 그에게 예언하여 3 이르기를 주 여호
> 와께서 이같이 말씀하시기를 로스와 메섹과 두발 왕 곡아 내가 너를 대적하여
> 4 너를 돌이켜 갈고리로 네 아가리를 꿰고 너와 말과 기마병 곧 네 온 군대를 끌
> 어내되 완전한 갑옷을 입고 큰 방패와 작은 방패를 가지며 칼을 잡은 큰 무리와
> 5 그들과 함께 한 방패와 투구를 갖춘 바사와 구스와 붓과 6 고멜과 그 모든 떼와
> 북쪽 끝의 도갈마 족속과 그 모든 떼 곧 많은 백성의 무리를 너와 함께 끌어내리
> 라 (겔 38 : 1–6)

마곡과 두발, 그리고 바사와 구스와 붓과 고멜과 도갈마로 이루어진 연합 군대를 하나님이 끌어내겠다고 하십니다. 그런데 뜻밖에, 그들이 끌려 나와 진군하여 이르게 되는 곳은 이스라엘 산입니다.

> 7 너는 스스로 예비하되 너와 네게 모인 무리들이 다 스스로 예비하고 너는 그들
> 의 우두머리가 될지어다 8 여러 날 후 곧 말년에 네가 명령을 받고 그 땅 곧 오래
> 황폐하였던 이스라엘 산에 이르리니 그 땅 백성은 칼을 벗어나서 여러 나라에서

모여 들어오며 이방에서 나와 다 평안히 거주하는 중이라 (겔 38 : 7–8)

지금 하나님은 이방 민족 연합군의 우두머리인 마곡 땅의 '로스'와 '메섹', 그리고 두발의 왕 '곡'에게 말씀하고 있습니다. "내가 갈고리로 네 아가리를 꿰고 너희를 끌어내어 이스라엘 산에 이르게 하겠다"고 하십니다. 거기 사는 백성은 포로 생활을 끝내고 '칼', 즉 압제에서 벗어나 평안히 거주하는 하나님의 언약 백성들입니다. 그러니 하나님이 이스라엘 백성들의 평화를 깨시고, 이스라엘을 노략하고자 하는 이방 민족들을 모집하고 끌어들이셔서 전쟁을 일으키겠다고 말씀하시는 셈입니다.

종말론적 비전

38장 전반부의 말씀, 특히 2절과 3절은 25장에서 32장에 수록된 열방에 대한 심판의 메시지에 사용된 관용구와 매우 비슷합니다. 그렇다면 38장과 39장은 지금의 위치가 아니라 열방에 관한 예언이 나오는 대목인 25장에서 32장 안에 수록되는 것이 더 자연스럽겠다는 생각이 듭니다. 이스라엘이 아닌 다른 나라, 열방에 대한 심판의 메시지이기도 하고, 앞에 살펴본 바와 같이 37장 마지막에서 40장으로 건너뛰어 이어지는 편이, 이스라엘의 회복과 완성이라는 선지서 후반부의 메시지를 더 잘 드러내기 때문입니다. 그런데도 본문 말씀이 이 위치에 자리하고 있는 이유는 무엇인지 추적해 보아야 합니다.

먼저 25장부터 32장까지의 열방 신탁에 나오는 일곱 나라들은 에스겔 당시 이스라엘 주위에 실재했던 나라들이고 이스라엘의 흥망성쇠에 직간접적으로 영향을 미친 가까운 나라들이었던 반면, 본문 말씀이 대상으로 하는 마곡과 두발 같은 지명이나 나라는 이스라엘 민족들에게 전혀 알려지지 않았던 미지의 나라이고, 로스와 메섹, 곡과 같은 그 나라의 지도자들도 전혀 알려지지 않은 인물들입니다. 고대의 문헌들과 사료들을 잘 살펴봐도 그런 나라나 민족은 물론이거니와, 본문에 따르면 여러 나라에 외교적 영향력이 큰 인물일 것으로 추정되는 곡이라는 왕 또는 지도자도 찾을 수가 없습니다.

5절을 보면 마곡의 왕 로스와 메섹, 두발의 왕 곡이 연합군의 맹주가 되어 여러 나라를 전쟁에 끌어들입니다. 동원된 나라들은 바사, 구스, 붓인데 바사는 페르시아이고, 구스와 붓은 지금의 에티오피아와 리비아 지역의 나라들입니다. 15절에 보면 마곡과 두발은 이스라엘로부터 북쪽 끝에 있는 나라임을 알 수 있고, 잘 알려진 대로 바사, 즉 페르시아는 이스라엘의 먼 동쪽에 있는 나라입니다. 구스와 붓, 즉 에티오피아와 리비아는 각각 이스라엘로부터 남쪽과 남서쪽 끝에 위치한 나라들입니다. 자신은 북쪽 끝에 있으면서도 동쪽, 남쪽으로 멀리 떨어져 있는 나라들에까지 영향력을 미쳐 군대를 모을 수 있는 정도의 왕이라고 한다면 역사 문헌에 비슷한 이름이라도 나와야 하는데 그런 이름은 찾을 수가 없습니다.

그러면 이 사람들을 어떻게 이해해야 할까요. 마곡 지역의 로스와 메섹, 두발의 왕 곡은 실재 나라와 왕이 아닌, 상징적 존재로 보아야 합니다. 8절을 보면 그들이 이스라엘을 침략하기 위하여 출정하는 날을 '여러 날 후 곧 말년'으로 제시합니다. 16절을 보면 더 분명하게 '끝 날에'라고 표현합니다.

'말년에' 또는 '끝 날에'와 같은 표현들은 종말론적 분위기를 자아냅니다. 이 종말론적인 표현들이, 38장과 39장의 두발 왕 곡의 침략에 관한 말씀을 25장에서 32장에 나온 열방에 대한 신탁의 내용과는 다르게, 하나님의 뜻이 온전하게 성취될 마지막 때에 있을 사건, 즉 종말론적 사건으로 이해하도록 우리를 안내합니다. 그러니 지금 에스겔 선지자는 단순히 포로 된 유대인들이 다시 고국으로 돌아가는, 아마도 50년 정도 후에 있을 고레스 칙령에 의한 포로 귀환 사건이나 그 어간의 어느 시점에 일어날 일이 아니라, 더 궁극적인 역사적 종말의 시점을 내다보고 있는 것입니다.

'종말' 하면 떠오르는 성경이 있습니다. 바로 요한계시록입니다. 흥미롭게도 에스겔이 예언한 두발 왕 곡의 침략이 요한계시록에 등장합니다. 요한계시록 20장입니다.

> 7 천 년이 차매 사탄이 그 옥에서 놓여 8 나와서 땅의 사방 백성 곧 곡과 마곡을 미혹하고 모아 싸움을 붙이리니 그 수가 바다의 모래 같으리라 9 그들이 지면에 널리 퍼져 성도들의 진과 사랑하시는 성을 두르매 하늘에서 불이 내려와 그들을 태워버리고 10 또 그들을 미혹하는 마귀가 불과 유황 못에 던져지니 거기는 그 짐승과 거짓 선지자도 있어 세세토록 밤낮 괴로움을 받으리라 (계 20 : 7-10)

에스겔서에서는 지명이었던 '마곡'이 계시록에서는 사람의 이름으로 인용됩니다. 곡과 마곡이 사탄의 미혹을 받아 '성도들의 진과 사랑하시는 성을' 둘러싸고 위협하다가 하늘에서 내려오는 불로 심판을 받는 장면이 나옵니다. 계시록에서 이 전쟁은 사탄의 세력이 최종적으로 심판을 받는 장면으로 묘사되어 있습니다. 이 일은, 하나님이 사랑하시는 백성들을 위협하고 공격하고 어떻게든 멸망케 하려는 사탄의 세력을 하나님이 뿌리 뽑으시고자 그것들을 남김없이 끌어내서 심판하시는 마지막 전쟁으로 묘사되어 있고, 우리가 살펴보는 에스겔 38장과 39장도 마찬가지로 종말론적 맥락에서 읽어 내야 하는 말씀입니다.

여전히 이루어지고 있는 그분의 뜻

많은 사람이 에스겔과 요한계시록에 나오는 마곡과 곡, 그리고 이들이 위협하는 하나님의 백성, 이 둘 사이의 전쟁에 대한 예언의 말씀을 가지고 그때가 언제인지, 또 그 나라는 어떤 나라인지 궁금해하면서 이런저런 해석을 내놓았으나, 에스겔서나 계시록의 관심사는 거기에 있지 않습니다. 에스겔서와 계시록이 공통으로 주목하고 있는 바는, 마곡의 왕 곡, 또는 곡과 마곡이, 하나님이 사랑하시는 백성들을 거슬러 위협하고 공격할 때, 하나님은 모든 상황을 알고 주도하시며, 친히 당신의 백성들을 지키시고, 오히려 이 전쟁을 통하여 모든 악을 뿌리 뽑아 심판하셔서, 마침내 하나님의 뜻을 성취하시고 영원한 평강을 완성하시리라는 전망입니다. 다시 본문 말씀으로 돌아와 17절을 보겠습니다.

> 17 주 여호와께서 이같이 말씀하셨느니라 내가 옛적에 내 종 이스라엘 선지자들을 통하여 말한 사람이 네가 아니냐 그들이 그 때에 여러 해 동안 예언하기를 내가 너를 이끌어다가 그들을 치게 하리라 (겔 38 : 17)

전에 있던 선지자들이 말한 그때, 곧 여호와의 날 또는 마지막 날에 하나님의 백성들을 해하려 위협하고 미혹하려 일어나는 악한 세력은, 하나님과 경쟁하거나 싸울 수 있는 대등한 존재가 아니라고 합니다. 분명히 마곡 땅의 로스와 메섹, 두발의 왕 곡은 매우 강하며, 많은 동맹군을 거느린 대군의 맹주지만, 하나님의 권세 아래 있는 존재로 묘사되어 있습니다. 주도권이 철저히 하나님에게 있음을 조금 더 생생하게 보여 주는 모습이 3절 이하에서 그려집니다.

> 3 이르기를 주 여호와께서 이같이 말씀하시기를 로스와 메섹과 두발 왕 곡아 내가 너를 대적하여 4 너를 돌이켜 갈고리로 네 아가리를 꿰고 너와 말과 기마병 곧 네 온 군대를 끌어내되 완전한 갑옷을 입고 큰 방패와 작은 방패를 가지며 칼을 잡은 큰 무리와 5 그들과 함께 한 방패와 투구를 갖춘 바사와 구스와 붓과 6 고멜과 그 모든 떼와 북쪽 끝의 도갈마 족속과 그 모든 떼 곧 많은 백성의 무리를 너와 함께 끌어내리라 7 너는 스스로 예비하되 너와 네게 모인 무리들이 다 스스로 예비하고 너는 그들의 우두머리가 될지어다 (겔 38 : 3-7)

분명히 그는 스스로 여러 생각을 하는 중에 악한 꾀를 내어 이스라엘 백성들을 공격하여 약탈하기로 마음을 먹었지만(10-12절), 이번 장의 본문이 말씀하는 바와 같이 사실 그것은 하나님이 그를 (갈고리로 아가리를 꿰어) 끌어내셔서 이스라엘 백성을 치게 하신 것입니다. 인간의 자유의지의 지평에서 펼쳐지는 풍경과, 하나님의 주권과 섭리의 지평에서 이루어지는 상황을 나란히 보고 있습니다. 우리에게는 모순처럼 느껴지지만, 성경은 이런 관점에서 많은 이야기를 전해 주고 있습니다.

출애굽기에서 하나님이 모세를 통하여 거듭 애굽에 재앙을 내리실 때 바로가 고집을 꺾지 않습니다. 고작 노예 민족의 지도자 앞에서는 자존심을 꺾지 않겠다는 바로의 의지였겠지만, 성경은 하나님의 주권이라는 지평에서 '여호와께서 바로의 마음을 완악하게 하셨'(출 9:12)다고 기록합니다. 다윗과 사울 왕의 이야기에서도 마찬가지이고, 예수님을 팔아넘긴 가룟 유다의 경우에서도 동일한 구조가 보입니다. 성경은 인간의 자유와 결정이라는 현실과 하나님의 섭리와 주권이라는 은혜의 서사를 나란히 제시하는 데 거리낌이 없습니다. 하나님은 인간의 자유와 결정을 존중하시고 받아 내셔서, 당신의 뜻을 이루어 가는 방식으로 삼아 일하는 분이심을 선포합니다. 그런 의미에서, 인간이 어떤 방식으로든 하나님의 뜻에 반하는 결정을 내리더라도, 하나님의 주권과 섭리가 훼손되는 일은 없습니다.

계시록에서 다시 반복되는 이 이야기가, 앞에서 확인한 바와 같이 종말론적 비전을 보여 주고 있는 말씀이라면 로스와 메섹,

두발의 왕 곡은 어느 한 시대, 한 나라의 왕을 가리키는 것이 아님을 알 수 있습니다. 그는 여러 제국의 형태와 정신으로 하나님의 백성들을 대적하기 위해 이 세상에 늘 존재해 왔던 사탄의 세력을 총칭하는 존재로 이해해야 합니다. 그들은 욕심에 사로잡혀 있고, 평화로운 백성을 노략하고 압제하고 착취하여 자기를 채우는 삶의 방식을 대표하고 있습니다. 이들은 마지막 날이 이르러야 비로소 영원한 심판을 받게 될 것입니다. 그러니 사탄의 세력인 그들은 그때가 이르기까지 어느 시대, 어느 곳에서나 세상의 권력을 잡은 모습으로 하나님의 백성들을 위협할 것입니다.

실제로 교회 역사 내내 신앙인들은 이런 존재들을 인식해 왔습니다. 아우구스티누스 같은 사람들은 당시 북방의 고트족이 바로 곡과 같은 존재라고 이해했고, 아마도 그 전에 유대인들은 로마를 곡이라고 생각했을 것이고, 현대에 미국의 세대주의자들은 소비에트 연방을 마곡의 곡이라고 생각했을 것입니다. 그러나 로마가 멸망하고 로마의 멸망에 큰 영향을 미쳤던 고트족도 사라지고 소비에트 연방이 붕괴한 지 오래지만 종말은 여전히 오지 않았습니다.

우리는 하루빨리 대적들이 멸망하고 걱정이 없는 날이 오기를 바랍니다. 그러나 진정한 샬롬, 평안은 하나님의 나라가 완성되는 마지막 때에야 비로소 누릴 수 있게 된다고 성경은 말씀합니다. 그날이 오기 바로 직전까지도 적대적인 세력이 하나님의 백성을 둘러싸고 있는 조마조마한 현실을 살게 됩니다. 하지만 그들이 주도권을 잡고 상황을 좌지우지하는 것처럼 보이는 그때에도 여전히 하나님이 주권을 행사하시며 뜻을 이루어 가심을 잊지 말라고, 에스겔서와 요한계시록이 신자들을 격려합니다. 하나님의 주권과 섭리라는 지평에서 보면, 그들은 하나님에 의해 갈고리로 아가리가 꿰어져 끌려 나온 존재일 뿐입니다.

사도행전 1장을 보면 부활하신 예수님을 만난 제자들이 예수께 '주께서 이스라엘 나라를 회복하심이 이 때니이까'(행 1:6) 하고 묻습니다. 주님의 답은 이렇습니다. '때와 시기는 아버지께서 자기의 권한에 두셨으니 너희가 알 바 아니요 오직 성령이 너희에게 임하시면 너희가 권능을 받고 예루살렘과 온 유대와 사마리아와 땅 끝까지 이르러 내 증인이 되리라'(행 1:7-8).

그날이 언제인지는 하나님만이 아십니다. 제자들에게 중요한 문제, 그리고 동일하게 우리에게도 중요한 문제는, 언제인지가 아니라 그때가 이르기까지 주님의 증인으로 사는 일입니다. 주께서 죽음을 이기시고 부활하셔서 죽음의 권세를 깨셨고, 성령이 임함으로 제자들이 권능을 받았습니다. 그러나 그들이 증인으로 살아야 하는 예루살렘과 온 유대와 사마리아와 땅 끝까지 이르는 모든 곳에서 권력을 잡은 세력은, 예수를 십자가에 넘겨준 빌라도와 헤롯 가문의 분봉 왕들, 또한 유대 종교 지도자들과 궁극적으로는 대제국 로마입니다.

그 권세 잡은 자들은 모두 주님의 증인들에게 적대적입니다. 그래도 겁먹지 말라는 말씀입니다. 여전히 하나님이 다스리시며 당신의 백성을 지키시고 모든 상황을 아시고 주관하십니다. 하나님의 뜻이 아닌 것처럼 펼쳐지는 온갖 적대적이고 위협적인 환경들도 다 하나님이 허락하신 환경과 조건들입니다. 그 모든 환경, 조건, 그리고 그 속의 모든 존재가 다 하나님의 영광을 드러내는 요소들이라고 말씀합니다.

무엇이 오늘 우리를 두렵게 합니까. 우리에게 두려움을 야기하고 평안을 깨는 두발의 왕 곡은 누구입니까. 하나님은 '근심하지 마라. 두려워하지 마라. 내가 다스린다! 내가 다 보고 있다! 내가 주관한다!'라고 말씀하십니다. 이 시대에 우리를 가장 두려워하게 하는 것들은 가난, 소외, 수치, 무의미, 질병, 죽음 같은 것들입니다. 그런데 하나님은 우리가 가장 무서워하는 것들을 예수 안에서 다 끌어안으셨습니다. 예수의 십자가는 우리가 두려워하는 모든 것들의 집합체이며 상징입니다. 그 모든 결핍과 악의 결과물인 십자가의 쓴잔을 주님은 한 방울도 남김없이 다 마셨습니다. 그리고 부활하셨습니다.

부활의 지평에서 십자가를 바라보면 그것은 더 이상 고난, 수치, 헛됨, 절망의 상징이 아닙니다. 하나님은 십자가를 영광의 표가 되게 하셨습니다. 하나님이 여기까지 우리를 편드셨다는 '에벤에셀의 돌'로 삼으셨습니다. 세상 권세는 하나님을 부정하고 하나님의 백성을 겁박하고 미혹하지만 하나님은 그 도전을 다 받아내셔서 하나님의 영광을 드러내십니다.

38장과 39장의 말씀은 평화를 깨는 탐욕의 권세와 그 앞에 무력한 하나님의 백성을 보여 주는 듯합니다. 그러나 보이는 장면들 너머에서 섭리자로 계시며 모든 상황의 주도권을 잃지 않으시는 하나님의 모습도 그려 보여 줍니다. 오늘도 여전히 하나님이 세상을, 우리 인생을 통치하십니다. 자기 아들을 아끼지 않으시고 우리에게 내어 주신 사랑의 하나님이 세상을 다스리십니다. 그러니 세상의 겁박에 주눅 들지 맙시다. 우리의 정체성은 내가 가진 권세, 통장 잔고, 회사 이름, 거주지, 출신 학교로 규정되지 않습니다. 우리는 하나님의 이름으로 일컬어지는 그분의 백성입니다. 자기를 내어 주신 분의 이름으로 불리는 '그리스도인'입니다.

기도

하나님 아버지, 세상에는 우리를 두렵게 하는 많은 일들이 일어납니다. 학생일 때, 직장을 다닐 때, 가족을 이루었을 때, 그때그때마다 늘 우리를 시험하고 우리에게 도전해 오는 상황들로 두려움 속에서 살아가고 있습니다. 하나님, 그 속에서 믿음을 가지고 사는 사람은 어떻게 살아야 하는지, 본문 말씀을 통해서 다시 한 번 생각해 보게 됩니다. 그 최종적 승리를 하나님이 정하셨으니, 겁먹지 말고 하나님의 백성으로, 하나님의 증인으로, 하나님이 우리에게 주신 삶을 살라고 하시는 하나님의 권면을 진지하게 받아들이기를 원합니다. 하나님, 우리와 함께하여 주시옵소서. 우리를 지지 않게 하여 주시고, 물러서지 않게 하여 주시옵소서. 우리가 연약하여 물러설지라도 다시 우리를 일으켜 세우셔서, 다시 한번 하나님의 백성으로 그 문제에 직면할 수 있는 용기를 가질 수 있도록 함께하여 주시옵소서. 예수님의 이름으로 기도합니다. 아멘.

04

내 거룩한 이름을 위하여

윤철규

25 그러므로 주 여호와께서 이같이 말씀하셨느니라 내가 이제 내 거룩한 이름을 위하
여 열심을 내어 야곱의 사로잡힌 자를 돌아오게 하며 이스라엘 온 족속에게 사랑을 베
풀지라 26 그들이 그 땅에 평안히 거주하고 두렵게 할 자가 없게 될 때에 부끄러움을
품고 내게 범한 죄를 뉘우치리니 27 내가 그들을 만민 중에서 돌아오게 하고 적국 중
에서 모아 내어 많은 민족이 보는 데에서 그들로 말미암아 나의 거룩함을 나타낼 때라
28 전에는 내가 그들이 사로잡혀 여러 나라에 이르게 하였거니와 후에는 내가 그들을
모아 고국 땅으로 돌아오게 하고 그 한 사람도 이방에 남기지 아니하리니 그들이 내가
여호와 자기들의 하나님인 줄을 알리라 29 내가 다시는 내 얼굴을 그들에게 가리지
아니하리니 이는 내가 내 영을 이스라엘 족속에게 쏟았음이라 주 여호와의 말씀이니라
(겔 39:25-29)

하나님의 의와 죄에 대한 승리

구약 성경을 읽고 해석할 때는 구약의 맥락에서 그 의미를 찾아야 합니다. 동시에 구약 성경이 한 권이 아니라 서른 아홉 권으로 이루어져 있으며 신약 성경이 분명하게 밝히는 바와 같이 구약의 약속들이 그리스도를 통해서 성취되었다는 가르침을 기억해야 합니다. 에스겔서 33장에서 39장에 이르는 열방을 향한 심판과 주의 백성들의 회복이라는 주제가 본문 말씀으로 마무리되어 있습니다. 이 대목에 의하면 성경이 약속하는 회복은 단지 이스라엘이나 유다라는 한 민족에 국한되지 않습니다. 아브라함이라는 한 인물과 이스라엘 민족을 택하시고 땅의 모든 족속이 복을 얻게 하시는 하나님의 계획과 의도가 실현되고야 말 것입니다. 본문 말씀을 좀 더 자세히 살펴보기 전에 먼저 로마서 3장 말씀을 보겠습니다.

> 20 그러므로 율법의 행위로 그의 앞에 의롭다 하심을 얻을 육체가 없나니 율법으로는 죄를 깨달음이니라 21 이제는 율법 외에 하나님의 한 의가 나타났으니 율법과 선지자들에게 증거를 받은 것이라 (롬 3 : 20-21)

20절 앞에서는 사람이 죄의 영향력 아래에 있고 율법을 가진 이들도 그 영향력에서 벗어날 수 없다고 설명합니다. 사람이 악마라는 뜻이 아니라 죄가 그만큼 무섭고 사람은 그 죄 앞에서 무력하다는 의미입니다. 이런 맥락에서 20절은, 우리가 죄를 깨닫는 것과 실제로 그 죄를 극복하고 죄인의 자리에서 의인의 자리로 가는 문제는 별개라고 지적합니다. 그리고 21절에서 로마서의 그 유명한 대반전이 이루어집니다. 이 '의'는 22절에서 이야기하는 것처럼 예수 그리스도를 믿음으로 말미암아 모든 믿는 자에게 미치는 '하나님의 의'입니다. 인간은 의를 만들어 낼 수 없습니다. 인간은 스스로 구원을 만들어 낼 수 없습니다. 하늘에 계신 주님이 이 땅에 찾아오셔서 한 사람 한 사람을 일으켜 세우실 때 비로소 인간은 하나님 앞에 살아 있는 존재로서 기능하게 된다는 이야기입니다.

이번 장에서 초점을 맞추고 싶은 부분은 21절의 뒷부분입니다. 이 의는 어떤 의입니까. 율법과 선지자들에게 증거를 받은 의입니다. 특별히 에스겔, 이사야, 예레미야가 증거로 제시하였던 이 의는 신명기에서 이야기하는 것처럼 하나님의 뜻에 순종하면 복을 받고 그렇지 않으면 저주를 받게 될 것이라는 문자적이고 인과적인 약속에 묶여 있지 않습니다. 인간이 하나님의 언약 백성으로서 가져야 하는 의무 체계에서 그 의무를 성실히 행함으로 누리게 되는 복, 그 이상을 말합니다. 이러한 사실을 염두에 두고 선지서를 읽어야 합니다.

로마서에서 의롭다는 말은 철저하게 법적인 용어입니다. 사람이 덕을 쌓거나 소양을 쌓아 훌륭해져서 의롭다고 칭함을 받는 것이 아닙니다. 그 사람이 가지고 있는 현재의 소양이나 도덕적 수준과는 무관하게 '법적으로 당신은 이제 자유민이 되었습니다'라고 하는 선언이 주어졌다는 뜻입니다. 북한에서 나고 자란 사람이 있다고 해 봅시다. 이 사람이 탈북해서 우리나라에 왔습니다. 그리고 대한민국 법에 따라 '당신은 이제 대한민국 시민이 되었다'라는 법적 지위를 얻었다고 합시다. 이 사람의 말투나 시민으로서의 양식은 변함이 없습니다. 외모나 혈통도 그대로입니다. 무엇만 바뀐 것입니까? 시민권만 바뀌었습니다. 법은 한 나라를 구성하는 뼈대이자 근간입니다. '네가 전에는 죄와 사망 아래에 있었지만, 이제는 하나님이 의롭게 다스리시는 왕국의 백성으로 살게 되었다'라고 하는 선언이 바로 로마서가 증언하는 의의 개념입니다.

이러한 의의 개념을 기억하면서 에스겔서 본문으로 넘어오겠습니다. 본문 말씀은 하나님이 이스라엘에 주시는 최종적인 언약이라고 할 수 있습니다. 이후에 40장부터는 하나님이 성전을 어떻게 회복하실 것인가, 하나님의 영광이 떠났던 그 성전이 어떻게 다시 영화롭게 될 것인가를 이야기합니다. 에스겔서 33장부터 끝 장에 이르는 부분은 요한계시록의 후반부를 떠올리게 합니다. 요한계시록 20장과 21장은 새 예루살렘과 새 도성을 설명하면서 주님이 우리에게 성전 그 자체가 되시는 이야기를 들려주고 있습니다. 그 일에 앞서 곡과 마곡이라고 하는, 하나님을 대적하는 최종적 세력과의 전투, 그리고 영광스러운 교회의 승리를 이야기합니다. 그 이야기의 원천이 바로 에스겔서입니다. 에스겔서 38장과 39장에는 열방을 향한 심판, 이스라엘의 회복, 마곡 땅에 사는 곡이라고 하는 강력한 대적자, 그러나 그 대적자를 끊으시고 물리쳐 승리하시는 하나님에 대한 묘사가 이어지고 있습니다.

이스라엘을 향한 하나님의 사랑과 열심

에스겔 39장 21절부터 보겠습니다.

21 내가 내 영광을 여러 민족 가운데에 나타내어 모든 민족이 내가 행한 심판과
내가 그 위에 나타낸 권능을 보게 하리니 22 그 날 이후에 이스라엘 족속은 내가
여호와 자기들의 하나님인 줄을 알겠고 23 여러 민족은 이스라엘 족속이 그 죄
악으로 말미암아 사로잡혀 갔던 줄을 알지라 그들이 내게 범죄하였으므로 내 얼
굴을 그들에게 가리고 그들을 그 원수의 손에 넘겨 다 칼에 엎드러지게 하였으되

24 내가 그들의 더러움과 그들의 범죄한 대로 행하여 그들에게 내 얼굴을 가리었었느니라 (겔 39 : 21–24)

주께서 예루살렘 성전이 훼파되고 이스라엘 백성들이 포로로 잡혀간 이유를 명확하게 설명하십니다. "성전이 무너진 이유는 내가 힘이 없어서가 아니다. 너희가 나를 떠나 범죄를 저질렀고 그 때문에 내가 너희에게서 얼굴을 돌렸기 때문이다." 그들에게서 얼굴을 돌렸다는 것은 무슨 뜻입니까. 하나님이 더는 그들에게 관심과 은혜를 베풀지 않으신다는 뜻입니다. 하나님의 은혜가 없는 개인과 민족은 멸망에서 벗어날 수 없습니다.

24절에 나오는 '얼굴'이라는 말을 히브리어로 발음하면 '파님'입니다. '파님'이라는 말은 '파나'라는 말이 어근인데, 이 말은 '돌이키다', '향하다'라는 뜻입니다. 우리는 우리의 얼굴로 누구를 향해 봅니다. 그리고 누가 마음에 들지 않을 때, 혹은 혐오스러운 장면을 보았을 때 얼굴을 돌립니다. 하나님은 원래 이스라엘을 향해 얼굴을 대하여 계시는 분이십니다. 그렇기에 이스라엘은 이스라엘일 수 있었습니다. 그러나 하나님이 그들에게서 얼굴을 돌이키심으로 그들은 버려진 상태가 되었습니다.

그런데 29절에 가면 하나님이 다시 그들에게 얼굴을 되돌리시고 그들을 향해 얼굴을 가리지 않으실 것이라고 말씀하십니다.

29 내가 다시는 내 얼굴을 그들에게 가리지 아니하리니 이는 내가 내 영을 이스라엘 족속에게 쏟았음이라 주 여호와의 말씀이니라 (겔 39 : 29)

이렇게 하시는 이유는 무엇일까요. 그들이 마음을 다해 회개했습니까? 혹은 큰 죄를 사함 받을 만큼 대단한 대가를 치렀습니까? 아닙니다. 하나님의 마음속 깊은 곳에 자리 잡은, 하나님에게만 있는 성품이, 그분의 얼굴을 다시 이스라엘에게 향하도록 하였습니다. 하나님이 얼굴을 돌이키신 원인은 이스라엘이 아닌 하나님에게 있습니다. 그 구체적인 내용이 25절에 나와 있습니다.

> **25** 그러므로 주 여호와께서 이같이 말씀하셨느니라 내가 이제 내 거룩한 이름을 위하여 열심을 내어 야곱의 사로잡힌 자를 돌아오게 하며 이스라엘 온 족속에게 사랑을 베풀지라 (겔 39 : 25)

24절과 25절 사이에 이어지지 않는 심연이 보입니까. 다시 24절을 보겠습니다.

> **24** 내가 그들의 더러움과 그들의 범죄한 대로 행하여 그들에게 내 얼굴을 가리었었느니라 (겔 39 : 24)

24절과 25절은 처음 기록되었을 때에는 띄어쓰기도 안 된 채 그냥 쭉 이어져 있는 한 단락이었을 것입니다. 그런데 내용으로 보았을 때 이 24절과 25절은 그 차이가 얼마나 큽니까. 마치 로마서 3장 20절과 21절 사이에 자리 잡은 큰 간극만큼 말입니다. 이런 큰 변화, 이루 말할 수 없는 큰 차이가 발생하는 원인은 무엇입니까. 성경은 이런 일이 발생하는 이유는 오직 하나님에게 있다고 합니다. 하나님이 계신다는 것이 유일한 근거입니다.

25절에 '내 거룩한 이름을 위하여 열심'을 낸다는 표현이 있습니다. 여기서 사용된 '열심'이라는 단어는 에스겔서 36장 6절에도 나옵니다.

> 6 그러므로 너는 이스라엘 땅에 대하여 예언하되 그 산들과 멧부리들과 시내들과 골짜기들에 관하여 이르기를 주 여호와께서 이같이 말씀하시기를 내가 내 질투와 내 분노로 말하였나니 이는 너희가 이방의 수치를 당하였음이라 (겔 36 : 6)

주께서 이스라엘을 회복하여 주시며, 더는 그들이 이방인에게 치욕을 당하지 않게 해 주겠다고 약속하십니다. 그러면서 '내가 내 질투와 내 분노로' 말한다고 하십니다. 여기서 주의해야 할 것이 있습니다. 하나님은 여느 인간들처럼 감정에 휩싸여서 판단을 그르치는 분이 아니십니다. 이런 구절들은 소위 말하는 '신인동형론적' 표현입니다. 하나님의 뜻을 드러내기 위해 신성모독을 무릅쓰고 우리가 이해할 수 있는 형식으로 표현한 겁니다. 하나님이 화나신 정도를 질투와 분노로 표현한 것입니다. 그런데 원어로 보면 여기서 말하는 '질투'는 39장 25절의 '열심'과 동일한 단어입니다.

이 단어는 이스라엘을 못살게 굴었던 에돔을 하나님이 심판하실 것이라는 표현에 사용되었던 말이기도 합니다. 35장 11절입니다.

11 그러므로 주 여호와의 말씀이니라 내가 나의 삶을 두고 맹세하노니 네가 그들을 미워하여 노하며 질투한 대로 내가 네게 행하여 너를 심판할 때에 그들이 나를 알게 하리라 (겔 35 : 11)

여기서 '너'는 심판의 대상인 에돔 사람들이며, '그들'은 이스라엘 사람들입니다. 하나님이 "너, 에돔아! 감히 내 자식을 미워하여 못 살게 굴었느냐. 그러니 내가 너희를 가만두지 않겠다. 너희가 이스라엘에 행한 대로 나도 너희에게 똑같이 해 주겠다"라고 말씀하시는 것입니다. 여기에 나오는 질투라는 단어도 원어를 살펴보면 39장 25절의 '열심'과 같은 단어입니다.

다시 39장 25절로 돌아와 생각해 봅시다. 하나님의 질투, 하나님의 열심은 도대체 무엇을 위한 질투이고 무엇을 위한 열심일까요. 질투라는 단어와 열심이라는 단어를 연결하는 일은 얼핏 어려울 수 있지만, 사랑에 빠진 남녀를 떠올려 보면 쉽게 이해할 수 있을 것입니다. 예를 들어 청년부에 내가 굉장히 좋아하는 오빠가 있습니다. 그런데 어떤 언니가 자꾸 그 오빠가 있는 조에 들어가려고 하고, 모임 끝나고 그 오빠와 단둘이 차를 마시려 하고, 그 오빠 주변을 계속 배회한다면 화가 나겠습니까, 안 나겠습니까. 화가 납니다. 질투가 납니다. 왜 질투가 날까요. 그 대상을 향한 '열심'이 있으니 질투가 납니다. 마찬가지입니다. 지금 성경은 굉장히 신성모독적인 표현일 수 있는 위험을 감수하고 이런 표현을 쓰는 것입니다. '하나님이 지금 질투가 나신다. 하나님이 지금 열심을 내신다.'

그런데 하나님이 가지신 질투나 열심은 대상이 없는 질투나 열심이 아니라 구체적인 대상이 있습니다. 그 대상이 바로 이스라엘입니다. 주님은 이스라엘을 향해 "너희의 행동은 달라진 것이 없다. 그렇지만 내가 내 마음을 고쳐먹어 다시 너희를 사랑하기로 했다. 내가 너희를 다시 영광스러운 자리로 회복하겠다"라고 말씀하십니다.

구약 성경은 내내 하나님의 자유와 사랑에 관해 이야기합니다. 하나님은 누구를 자유로이 사랑하실 권리가 있습니다. 동시에 하나님에게는 누구를 사랑하지 않으실 자유도 있습니다. 그러니 '하나님, 왜 블레셋을 선택하거나 사랑하지 않으시고 이스라엘만 사랑하십니까'라고 따질 수 없습니다. 로마서에도 나오는 내용입니다.

이스라엘을 향한 하나님의 사랑은 독단적이거나 편협해 보이기까지 합니다. 그러나 하나님에게는 이런 사랑을 하실 자유가 있습니다. 그러니 만물의 창조주께는, 이스라엘의 죄악을 보고 그들을 당신의 눈앞에서 지워 버리실 수 있는 자유 또한 있지 않겠습니까. 하나님이 눈 한 번 깜빡이시면, 이스라엘 역사와 민족은 흔적도 없이 사라질 수 있습니다. 그러나 하나님은 그렇게 하지 않으셨습니다. 하나님에게는 그렇게 하실 수 있는 자유가 있음에도 스스로 말씀하신 언약에 근거하여, 하나님의 사랑에 기초하여, 당신의 자유를 이스라엘의 파멸을 위해 사용하지 않으시고, 죄의 자리에서 망해 가는 이스라엘을 되돌리시는 데 사용하십니다. 하나님의 사랑과 열심이 이렇게 발현됩니다. 이것이 이스라엘의 역사에 나타난 하나님의 은혜입니다.

하나님의 거룩한 이름

주께서 이렇게 말씀하십니다. "너희를 봐서는 내가 너희를 구원할 이유가 하나도 없다." 그런데 에스겔 39장 25절에 하나님이 이스라엘을 구원할 중요한 근거가 나와 있습니다. '내 거룩한 이름을 위하여'입니다. 여기에서 말씀하시는 '내 거룩한 이름'이란 어떤 이름입니까. 이것은 율법서, 선지서, 역사서에서 구약 성경 전체가 드러내고자 하는 주제입니다. 성경은 '하나님이 하나님의 사람들을 불러일으키신다. 하나님이 하나님의 사람들을 회복하시고야 만다. 하나님은 그런 분이시다'라고 계시합니다. 하나님으로부터 부름을 받은 이들이 그분의 이름에 걸맞게 행하기까지 하나님이 열심을 내신다는 사실이 바로 하나님의 거룩한 이름에 담겨 있는 속뜻입니다.

출애굽기 3장을 살펴보겠습니다. 하나님이 호렙 산에서 모세에게 나타나십니다. 모세가 하나님에게 물어봅니다. "하나님, 여태껏 뭐하시다가 이제 나이가 팔십이 된 저에게 오셔서 이스라엘 백성을 구하라고 하십니까. 이스라엘 백성들이 '넌 도대체 40년 동안 어디서 뭘 하다가 돌연히 나타나 가나안 땅으로 가자고 하는 것이냐?'라고 하면 누가 저를 보냈다고 이야기해야 합니까." 그때 주께서 이렇게 말씀하십니다.

14 하나님이 모세에게 이르시되 나는 스스로 있는 자이니라 또 이르시되 너는 이
스라엘 자손에게 이같이 이르기를 스스로 있는 자가 나를 너희에게 보내셨다 하
라 (출 3:14)

여기서 말하는 '스스로 있는' 하나님은 어떤 분입니까? 언제나 하나님이기를 포기하지 않으시는 분입니다. 이스라엘의 하나님으로서 존재하기를 멈추지 않으시는 분입니다. 문법적으로 분석해 보면 이 말은 과거에 완결되어 끝난 사건이 아닌, 앞으로도 계속 이어진다는 뜻을 내포하고 있습니다. "나는 계속해서 이스라엘 중에 거하는 하나님이 될 것이다. 나는 너희가 애굽의 바로와 싸울 때도 여전히 너희의 하나님이었다. 너희가 홍해를 건널 때도 나는 너희의 하나님이었다. 나는 너희의 하나님이기를 중단하지 않을 것이다." 그런데 하나님은 창세기 1장 1절에서 어떤 분으로 표현됩니까. '우리를 구속하신 하나님은 바로 이 세계의 창조주이시다'라고 표현됩니다.

우리를 구원하신 하나님은 이 세계를 만들어 놓고 '너희들끼리 알아서 해 봐라'라고 하거나 아니면 다른 신들에게 이 세계의 복잡한 현안들을 떠넘기고 사라져 버리는 신이 아닙니다. 인류 역사 속에서 생생히 말씀하시고 그의 백성들을 불러내시고 그가 창조하신 세계 속에 몸을 담그셔서 일하시는 분입니다. 마른 뼈같이 된 이스라엘 백성들에게 권능의 손으로 임하시고 그들을 사망의 자리에서 끄집어내어 다시 살과 핏줄을 붙이고 군대로 일으키시는 하나님입니다. 그 하나님이 '나는 하나님이기를

포기하지 않는다'라고 하시며 다시 한번 당신의 이름을 알려 주십니다. 모세가 율법을 받으러 시내 산으로 올라갔을 때 이스라엘 백성들은 금송아지를 만들고 그 앞에서 춤을 추며 예배합니다. 하나님이 금하신 행동만 골라서 합니다. 그래서 하나님이 말씀하십니다. "내가 저들을 멸절하겠다. 모세야, 너를 통해서 새로운 민족을 일으키겠다." 그러자 모세가 이스라엘 백성을 위해 하나님에게 용서를 구합니다. 모세의 기도를 들으신 하나님은 그들을 용서하기로 결정하심으로 당신이 누구신지를 보여 주십니다. 구약에서 매우 중요한 주제입니다. 이 세상은 죄로 인해 파괴되어야 마땅합니다. 노아의 때에 이미, 모든 것이 무로 돌아가도 할 말이 없는 인류의 죄악이 온 세상에 가득했습니다. 그런데 주님이 노아와 그의 가족들을 남기시고 그들을 통해 세상을 회복하십니다. 죄악이 관영했던 어둠과 혼돈의 땅을 창조의 능력으로 다시 회복하십니다.

하나님은 기존의 세계를 쓸어버리고 저 멀리 안드로메다 즈음에 가셔서 새로 태양계 같은 것을 창조하신 다음 지구와 유사한 행성을 만들어서 새롭게 시작하실 수도 있으셨을 텐데, 그렇게 하지 않으시고 굳이 이 지구에서 다시 시작하셨습니다. 하나님은 이 창조 세계를 존속되게 하셔서 무엇을 보여 주십니까. 하나님이 이 세계를 만드신 창조주이실 뿐 아니라 이 세계의 악함과 죄악을 부수시고 그 안에서 당신의 백성들을 구원해 내시는 구속의 하나님이시며 또한 이 세계 속에 살아가고 있는 인간과 모든 만물을 사랑으로 완성해 가시는 회복과 생명의 주님이라는 사실이 다시 한번 드러나게 하십니다. 출애굽기 34장으로 가 보겠습니다.

1 여호와께서 모세에게 이르시되 너는 돌판 둘을 처음 것과 같이 다듬어 만들라
네가 깨뜨린 처음 판에 있던 말을 내가 그 판에 쓰리니 2 아침까지 준비하고 아침
에 시내 산에 올라와 산 꼭대기에서 내게 보이되 3 아무도 너와 함께 오르지 말
며 온 산에 아무도 나타나지 못하게 하고 양과 소도 산 앞에서 먹지 못하게 하라
4 모세가 돌판 둘을 처음 것과 같이 깎아 만들고 아침에 일찍이 일어나 그 두 돌
판을 손에 들고 여호와의 명령대로 시내 산에 올라가니 5 여호와께서 구름 가운
데에 강림하사 그와 함께 거기 서서 여호와의 이름을 선포하실새 6 여호와께서
그의 앞으로 지나시며 선포하시되 여호와라 여호와라 자비롭고 은혜롭고 노하기
를 더디하고 인자와 진실이 많은 하나님이라 7 인자를 천대까지 베풀며 악과 과
실과 죄를 용서하리라 그러나 벌을 면제하지는 아니하고 아버지의 악행을 자손
삼사 대까지 보응하리라 (출 34 : 1–7)

주님은 모세에게 모세가 깨뜨린 돌판과 같은 것을 만들라고 하십니다. 제가 하나님이라면, '내가 십계명을 친히 손으로 써서 너희에게 주었다. 그런데 그것을 깨 버리다니, 제정신이냐? 내 마음에 들지 않으니 너희를 다 죽여 버리겠다'라고 했을 것 같습니다. 그런데 주님은 다시 기회를 주십니다. 다시 주어진 언약, 다시 주어진 돌판입니다. 이스라엘은 죽었다가 다시 살아난 것입니다.

주님이 시내 산에서 구름 가운데 강림하시고 모세에게 나타

나시는 장면이 5절부터 기록되어 있습니다. 이때 하나님은 스스로를 어떻게 제시하십니까. "나는 인자하고 자비롭고 진실이 많은 하나님이다. 그것이 내 이름이다. 너희가 비록 죄악 가운데 있을지라도 나는 너희를 포기하지 않겠다. 너희가 비록 나를 거부하는 죄, 나에게 저지를 수 있는 가장 큰 죄를 지으며, 마치 내가 없는 것같이 살지라도 나는 거기까지 쫓아 들어가서 너희와 함께하고야 말겠다. 나는 인자를 베풀고야 마는, 진실을 베풀고야 마는, 너희와 함께하는 임마누엘의 하나님이다." 그 하나님이 예수로 이 땅에 찾아오셔서 하나님에 대한 모든 반항과 거부에도 굽히지 않으시고 끝내 진정한 승리를 이루어 내십니다.

하나님의 승리

그런데 이방을 향한 심판과 최후의 전쟁에 대한 묘사에서 악의 화신인 '곡'과 같은 존재와의 싸움은 왜 있어야 할까요. 주님이 이렇게 말씀하시는 것 같습니다. '너희가 지금 포로로 잡혀가는 어려움을 겪는 이유는 내가 너희에게서 얼굴을 돌렸기 때문이다. 내가 너희에게서 얼굴을 돌린 이유는 너희에게 죄악이 가득하기 때문이다. 나는 죄와 함께할 수 없는 거룩한 하나님이다. 그런데 너희가 나를 거부하고 마음에 두기 싫어하는 죄악은, 약속의 땅에서 성전과 율법을 가지고 사는 것으로 해결되지 않는다. 진정한 적은 외부에 있는 바벨론이나 바사나 애굽 같은 제국이 아니다. 진정한 악은 나를 마음에 두기 싫어하는 너희의 교만

이며 너희 자신이다.'

로마서 5장에 보면 '사망이 왕 노릇'했다, 곧 죄가 왕 노릇 했다는 표현이 나옵니다. 왕은 어떤 존재입니까. 왕은 개인이 선출해서 세운 지도자가 아닙니다. 태어나 보니 그 나라의 왕이 헤롯입니다. 자기가 뽑지 않았습니다. 나의 선택이나 의지와 상관없이 그 지배하에 놓여 있는 것, 바로 죄가 그런 모습으로 우리를 다스리며 우리에게 영향을 끼치고 있다는 말입니다. 에스겔이 전한 말씀은, 일차적으로는 주님이 가까운 미래에 이루실 이스라엘의 회복에 관한 내용입니다. 하지만 나라가 회복된다고 해도 본질적인 문제는 회복되지 않습니다. '너희가 돌아와서 성전을 다시 짓는다고 회복될 문제가 아니다. 너희의 깊은 내면에 나를 두기 싫어하는 그 마음이 해결되어야 한다.' 이것이 성경이 전하려는 메시지입니다.

요한복음 16장에 이런 말씀이 있습니다.

> **25** 이것을 비유로 너희에게 일렀거니와 때가 이르면 다시는 비유로 너희에게 이르지 않고 아버지에 대한 것을 밝히 이르리라 **26** 그 날에 너희가 내 이름으로 구할 것이요 내가 너희를 위하여 아버지께 구하겠다 하는 말이 아니니 **27** 이는 너희가 나를 사랑하고 또 내가 하나님께로부터 온 줄 믿었으므로 아버지께서 친히 너희를 사랑하심이라 (요 16 : 25–27)

에스겔서나 예레미야서에 나오는 새 언약이 생각나지 않습니까. "내가 너희에게 새 영을 부어 줄 것이다. 너희는 이제 마음으로 나를 따르게 될 것이다. 너희는 이제 나를 사랑하는 백성이 될 것이다. 내가 부어 준 영으로 말미암아 너희는 이제 마음속 깊은 곳에서부터 나를 향한 거부를 멈추고 나에게 다가와 사랑을 고백하게 될 것이다." 이러한 구약의 예언이 예수를 통해서 완성됩니다. 이어서 보겠습니다.

> 28 내가 아버지에게서 나와 세상에 왔고 다시 세상을 떠나 아버지께로 가노라 하
> 시니 29 제자들이 말하되 지금은 밝히 말씀하시고 아무 비유로도 하지 아니하시
> 니 30 우리가 지금에야 주께서 모든 것을 아시고 또 사람의 물음을 기다리시지
> 않는 줄 아나이다 이로써 하나님께로부터 나오심을 우리가 믿사옵나이다 31 예
> 수께서 대답하시되 이제는 너희가 믿느냐 32 보라 너희가 다 각각 제 곳으로 흩
> 어지고 나를 혼자 둘 때가 오나니 벌써 왔도다 그러나 내가 혼자 있는 것이 아니
> 라 아버지께서 나와 함께 계시느니라 (요 16 : 28-32)

"내가 아버지와 분리될 수 없듯이, 너희도 아버지와 분리될 수 없는 자리에 묶이도록 내가 이 자리에 왔다. 이제 너희는 아버지와 함께하는 존재가 되었다." 이렇게 말씀하시는 대목입니다. 그리고 33절에서 이렇게 말씀하십니다.

> 33 이것을 너희에게 이르는 것은 너희로 내 안에서 평안을 누리게 하려 함이라
> 세상에서는 너희가 환난을 당하나 담대하라 내가 세상을 이기었노라 (요 16 : 33)

"하나님을 거부하는 그 모든 것을 꺾고자 내가 왔노라. 너희가 나

를 거부할 수 없도록 너희의 갓난아이로 왔도다. 너희가 나를 거부하는 그 자리 한복판에 내가 찾아왔다"라고 주님이 말씀하고 계십니다. 주님이 선지자들을 통해 목소리를 높이시며 "내가 너희 앞에 있지 않느냐. 내가 너희의 하나님으로 여전히 존재하지 않느냐. 내가 너희에게서 얼굴을 돌이켰으나 다시 너희를 향해 얼굴을 되돌리고 있지 않느냐. 그러니 나를 향해 시선을 맞추고 내가 너희의 하나님이라는 사실을 기억하며, 내가 너희를 회복하고 너희와 함께한다는 사실을 아는 자로서 이 세상을 살아가라"라고 말씀하십니다. 하나님이 세우시는 의, 율법과 선지자들에 의해 증거된 의, 예수를 통해 완성된 의, 그 승리, 그 새로운 하나님의 나라, 하나님의 통치가 지금 우리 가운데 실현되고 있다는 것입니다.

우리 자신과 교회 공동체의 현실 속에서 하나님이 우리에게서 고개를 돌리신 것같이 생각될 때가 너무나도 많습니다. 개인이 겪는 여러 가지 어려움이 있습니다. 원하는 대로 일이 되지 않는 것, 사랑하는 사람과 헤어지게 되는 일, 재정적인 곤란함이나 질병들을 겪을 때 하나님이 우리를 외면하고 계시는 것 같은 생각이 듭니다. 공동체에서도 마찬가지입니다. 왜 우리에게는 이전 세대에 있었던 열정과 확신, 기적과 부흥의 역사가 일어나지 않는가, 왜 우리에게는 이렇게 무기력하고 그 날이 그 날 같은 시간이 계속되는가, 왜 우리는 기대나 환희가 없는 시간 속을 지나가는가, 때로는 마틴 로이드 존스 목사님이 《영적 침체》라는 책에서 언급했듯이, '거의 시체와도 가까운 사망 직전에 이른 것 같은 모습이 왜 지금 우리의 모습이어야 하는가'라고 한탄하며 기도할 때도 있습니다. 이런 절망과 탄식은 교역자인 저 역시 겪는 문제입니다. '왜 하나님은 속 시원하게 우리 안에 꼬여 있는 관계를 회복해 주지 않으시는가. 왜 하나님은 우리 공동체를 멋지고 넉넉하게 이끌지 않으시는가. 왜 우리에게서는 하나님을 향한 열정과 회심의 기쁨, 영적 충만함을 찾아보기가 힘든가. 우리를 짓누르고 있는 이 깊은 무기력함은 과연 무엇인가'라는 질문을 계속해서 던지게 됩니다.

하지만 주님의 말씀에 힘입어서 계속 주님의 얼굴을 구하고 주님이 주시는 회복을 구하며 기도할 때 우리는 깨닫게 됩니다. 우리의 한계와 절망은 환경과 사람 때문이 아니라 죄의 본성을 가진 우리가 만들어 내는 필연적 결과라는 사실을 말입니다.

최근에 동료 목사님들과 한국 축구에 관한 이야기를 하다가 이런 이야기를 했습니다. 저희는 박지성 이후로는 박지성 같은 선수가 안 나올 줄 알았습니다. 그런데 지금에 와서 생각해 보니까, 이전 세대에게는 차범근 같은 선수가 굉장히 유명했었는데 이전 세대들도 그 이후로 차범근 같은 선수가 또 나오겠나 싶었을 것 같습니다. 그런데 박지성 같은 선수가 나옵니다. 박지성 같은 선수가 또 나오려나 싶었는데 손흥민 같은 선수가 나옵니다. 마찬가지로 하나님은 우리가 기대할 수 없는 현실에서 새로움을 만들어 내시는 분입니다. 단지 우리가 생각하는 시간의 개념을 넘어서 일하시기에 우리의 시야에는 그런 하나님의 일하심이 잘 보이지 않을 뿐입니다.

우리 가운데 하나님이 일하시고 우리가 만들어 낼 수 없는 내용으로 하나님이 우리의 현실과 시간을 채우실 것이라는 그 믿음이 구약 역사의 근저에 깔려 있습니다. 그리고 그 믿음을 아는 자들은 지금 직면한 현실의 답답함과 막막함을 이길 수 있습니다. 그것은 우리의 소망이 우리의 실력에 달려 있지 않고 하나님이 그 얼굴을 우리에게 향하시며 은혜를 베푸시는 일에 있다고 고백할 때 가능합니다. 내가 소망하는 일이 지금 당장 현실로 이루어지지 않는다고 할지라도 주님의 일하심을 기다리며 소망하는 사람으로, 마치 어린 예수를 목격한 안나나 시므온 같은 존재로 각자의 자리에 서 있는 것입니다. 아직 주님의 재림이 이루어지지 않았습니다. 그렇기에 지난 수천 년 동안의 기독교 역사가 기다림의 전형인 것같이, 우리 또한 주님의 오심을 기다리며 하나님에게 붙들린 역사 속에서 주님을 바라보는 이 시간이 얼마나 귀하고 찬란한 시간인지 깨닫게 됩니다. 우리가 각자 주님의 역사하심을 소망하고 기다리는 존재로, 주님의 얼굴을 구하는 존재로, 하나님이 하나님의 열심으로 당신의 백성들을 포기하지 않으신다는 믿음을 증언하는 한 사람으로 '나는 여전히 소망의 노래를 부를 것이다. 우리는 여전히 주님을 기대하는 기도를 드릴 것이다. 우리는 여전히 우리의 자리에서 주님을 바라보고 회복을 바라는 자로 있겠다'라고 결심할 때 서로가 서로에게 귀한 증거가 될 것입니다. 우리가 그런 증거로 서 있기를 주님이 원하신다는 사실을 기억하며 각자의 역할을 잘 감당하게 되기를 주님의 이름으로 권면합니다.

기도

하나님, 감사합니다. 주님이 우리를 지으셨습니다. 우리는 본래 없는 존재였지만 주님이 이 시대와 이 나라와 이 역사 속에 우리를 태어나게 하시고 하나님의 자녀로 부르시고 주의 백성으로 삼아 주셨습니다. 또한 우리를 하나님의 나라를 소망하는 영광스러운 시민으로 불러 주셨습니다. 그 사실을 기억하는 자다운 모습으로, 우리 마음속에 주님을 향한 소망과 기대를 품으며 그것으로 하나님 앞에 아름다운 찬양의 삶을 올려 드리는 주의 백성들 될 수 있도록 주께서 은혜를 베풀어 주시옵소서. 우리의 구주이신 예수 그리스도의 이름으로 기도합니다. 아멘.

05

하나님이 임재하시는 곳

강선

1 우리가 사로잡힌 지 스물다섯째 해, 성이 함락된 후 열넷째 해 첫째 달 열째 날에 곧
그 날에 여호와의 권능이 내게 임하여 나를 데리고 이스라엘 땅으로 가시되 **2** 하나님
의 이상 중에 나를 데리고 이스라엘 땅에 이르러 나를 매우 높은 산 위에 내려놓으시
는데 거기에서 남으로 향하여 성읍 형상 같은 것이 있더라 **3** 나를 데리시고 거기에 이
르시니 모양이 놋 같이 빛난 사람 하나가 손에 삼줄과 측량하는 장대를 가지고 문에
서 있더니 **4** 그 사람이 내게 이르되 인자야 내가 네게 보이는 그것을 눈으로 보고 귀
로 들으며 네 마음으로 생각할지어다 내가 이것을 네게 보이려고 이리로 데리고 왔나
니 너는 본 것을 다 이스라엘 족속에게 전할지어다 하더라 (겔 40:1-4)

마지막 환상

에스겔에게 다시 환상이 찾아왔습니다. 여호와의 권능이 그를 이끌어 이스라엘 땅으로 데려가십니다. 이 환상이 에스겔서 마지막까지 이어지니, 이것이 마지막 환상입니다.

에스겔에게 임한 하나님의 메시지가 이제 막바지에 이릅니다. 우리는 막바지라고 하면 힘을 다 써서 에너지가 방전된 상태를 떠올리는데, 에스겔서의 전개는 그렇지 않습니다. 하나님은 기운이 다 빠지는 적이 없으십니다. 집중해서 일을 한 뒤에는 피곤해 쉬거나 어디 가서 머리를 식혀야 하는 분이 아닙니다.

에스겔서는 기승전결로 마무리되지 않습니다. 굳이 말하자면,

기승전전전, 이렇게 계속 고조된다고 하겠습니다. 이번 장부터 읽게 되는 이 마지막 환상은 그 앞의 환상들보다 한층 더 고조된, 절정이라 불러야 어울릴 내용을 담고 있습니다.

에스겔에게 첫 환상이 임한 것은 '여호야긴 왕이 사로잡힌 지 오 년'째였습니다(겔 1:2). 마지막 환상이 시작되는 때는 '사로잡힌 지 스물다섯째 해'입니다(겔 40:1). 첫 환상 이후 20년이 지난 것을 알 수 있습니다. 또, 본문이 덧붙이듯 이때는 '성이 함락된 후 열넷째 해'(겔 40:1)입니다. 예루살렘이 무너져 나라가 패망한 후 14년째입니다.

포로로 잡혀 온 지도 20년이 넘었고, 그 사이 고국에 큰일이 생겨 이제 거기에는 아무것도 남지 않게 되었습니다. 가 봐야 왕궁도 성전도 없고 성벽도 무너져, 예루살렘은 더 이상 도시가 아닙니다. 이런 암울한 상태가 10년도 넘게 이어지고 있었는데, 환상이 다시 시작된 것입니다.

하나님은 선지자를 이스라엘 땅으로 데리고 가십니다. 높은 산 위인데 남쪽에 큰 건축물이 보입니다. 선지자가 그 건물 옆에 내려서 보니, 빛나는 모습을 한 어떤 존재가 줄과 장대를 가지고 문 옆에 서 있습니다.

그 빛나는 사람이 선지자에게 말하길, 이제 뭘 보여 줄 테니 잘 보고 듣고 마음으로 생각하라고 합니다. 이걸 꼭 보아야 해서 여기까지 그를 데려왔답니다. 또, 이제부터 보여 주는 것은 선지자만 알면 되는 것이 아니니, 이스라엘 족속에게 전하라고 합니다.

선지자가 인도자를 따라 서서히 건물로 다가갑니다. 이 건물과 관련된 환상이 42장 끝까지 이어집니다. 환상이니까 어떤 영상이 보일 텐데, 우리도 선지자와 같은 시점에서 그것을 보게 될 것입니다. 이어지는 환상은 건물 치수를 재는 사람의 뒤를 따르며 선지자가 건물 곳곳을 보는 방식으로 진행됩니다. 마치 여행에서 가이드의 인도를 따라 움직이며 카메라로 영상을 찍는 모양새로 장면이 펼쳐집니다.

> 5 내가 본즉 집 바깥 사방으로 담이 있더라 그 사람의 손에 측량하는 장대를 잡았
> 는데 그 길이가 팔꿈치에서 손가락에 이르고 한 손바닥 너비가 더한 자로 여섯 척
> 이라 그 담을 측량하니 두께가 한 장대요 높이도 한 장대며 6 그가 동쪽을 향한
> 문에 이르러 층계에 올라 그 문의 통로를 측량하니 길이가 한 장대요 그 문 안쪽
> 통로의 길이도 한 장대며 (겔 40 : 5–6)

건물에 들어서기 전에 먼저, 측량에 사용되는 장대에 대한 설명이 나옵니다. 길이를 재는 단위가 팔꿈치에서 가운뎃손가락 끝까지의 길이에다가 손바닥 너비만큼을 더한 것이라고 되어 있습니다. 팔꿈치에서 가운뎃손가락 끝까지의 길이를 '한 규빗'이라고 하는데, 여기에 손바닥 너비 하나만큼을 더하면 '왕실 규빗'이라 불리는 단위가 됩니다. 이것을 '한 척'으로 번역하였고, 지금의 단위로 환산하면 50센티미터를 조금 넘습니다. 여기서 측량하는 사람이 들고 있는 장대의 길이는 6척이라고 합니다. 3미터가 좀 넘는 장대이니, 웬만한 천장 높이의 실내에서는 똑바로 세워서 들 수 없는 길이입니다.

이것을 가지고 건물 바깥담의 치수를 잽니다. 담은 두께가 한 장대, 높이가 한 장대라고 합니다. 높이가 3미터이고 두께가 3미터입니다. 교회 예배당에서 6명이 앉는 장의자가 3미터쯤 되니, 장의자 한 개 길이만큼의 높이와 두께를 가진 담입니다. 서 있는 건지 누워 있는 건지 모를, 두꺼운 담입니다. 이어서 담 옆에 문이 보입니다.

동쪽을 향해 문이 나 있는데, 층계를 7단 올라가면 문에 들어설 수 있습니다. 담의 두께가 3미터이니 일단 그만큼 들어가야 하는데, 담만 지나면 바로 문을 통과하는 것이 아닙니다. 문으로 들어가니 복도가 이어집니다. 3미터 두께의 문지방을 지나니까 앞으로 이어진 복도를 따라 양쪽에 방이 있습니다. 문지기들이 쓰는 방이라는데 양쪽에 세 개씩 있습니다. 방 하나의 높이와 너비가 3미터씩이고, 방들 사이에는 2.5미터 두께의 벽이 있습니다. 방들을 쭉 지나면 비로소 안쪽 현관이 나옵니다.

이 문의 전체 규모를 보면, 폭은 13미터이고 깊이는 25미터입니다. 문 깊이가 동네 실내 수영장 길이만큼 됩니다. 그저 문이라고 하기에는 규모가 지나치게 큰데, 문 하나 크기가 이만한 이 건물은 대체 무엇일까요.

문을 지나오니 뜰이 나옵니다. 양쪽으로 펼쳐진 뜰에는 편평한 돌이 깔려 있습니다. 선지자는 담으로 둘린 건물을 동쪽 문을 통해 들어왔는데, 안쪽에서 보니 담을 따라 방이 죽 이어집니다. 담은 왼쪽과 오른쪽에서 직각으로 꺾여 남과 북으로도 울타리를 이루고 있습니다.

뜰 맞은편을 보니 계단 위에 또 문이 보입니다. 앞에 보이는 문 앞까지 가려면 뜰을 50미터 정도 걸어가야 합니다. 선지자는 북쪽 방향으로 뜰을 거닐어 보는데, 북쪽 담 가운데에도 문이 있습니다. 처음 지나온 동쪽 방향의 문과 똑같이 생겼습니다. 다시 돌아 남쪽으로도 가 보니, 거기에도 똑같이 생긴 문이 남쪽으로 나 있습니다. 북쪽과 남쪽 문도 뜰 맞은편으로 계단 위의 또 다른 문을 마주하고 있습니다.

동쪽과 남쪽, 북쪽에 문이 한 쌍씩 마주 보고 있습니다. 선지자는 남쪽 뜰에서 마주 보이는 안쪽 문으로 갑니다. 뜰을 지나 이번에는 8개의 계단을 올라가니, 처음 보았던 문과 같은 크기의 문이 나옵니다. 이 깊숙한 문을 지나니 안쪽에 또 하나의 뜰이 있습니다.

이 뜰에 들어서니 동쪽과 북쪽에도 똑같은 문이 보이고, 뜰 한가운데에는 높은 단이 세워져 있습니다. 이 안뜰에도 방이 여러 개 있었는데, 북문 곁의 방 하나가 '번제물을 씻는 방'이라고 소개됩니다(겔 40:38). 이제야 이 건물이 무엇인지 짐작이 갑니다. 제사와 관련 있는 건물, 바로 '성전'이었던 것입니다. 가로세로 50미터의 정사각형인 안뜰 가운데에 세워진 것은 제단이고, 그 옆, 뜰의 서쪽에 건물이 한 채 보입니다.

건물 안으로 들어가는데, 문 옆으로 이어진 벽의 두께가 또 3미터입니다. 공간을 널찍하게 쓰고 싶으면 벽을 이렇게 세우지는 않을 텐데, 여기는 공간을 어떻게 사용하는 것인지 벽마다 두께가 3미터입니다. 폭이 5미터인 통로를 따라 들어가니, 너비는

10미터이고 길이는 20미터인 방이 나옵니다.

치수 재는 사람이 방 안으로 더 들어갑니다. 방 안에 방이 하나 더 있습니다. 가로세로 10미터의 정사각형 모양인데, 치수를 재던 사람이 이 방이 무엇인지 가르쳐 줍니다. '그가 내게 이르되 이는 지성소니라 하고'(겔 41:4). 건물 안에 있는 이 두 방은 각각 '성소'와 '지성소'였습니다. 환상을 통해 에스겔은 성전의 가장 내밀한 곳까지 들어가 보게 되었습니다.

이어서 성전의 성소와 지성소를 둘러싸고 있던 3층의 방들을 둘러봅니다. 건물 한가운데에 있는 성소와 지성소를 다른 방들이 위와 옆에서 감싸고 있습니다. 성전 건물 바깥으로 나오니 건물 뒤편인 서쪽에 길쭉한 건물이 자리하고 있고, 성전 바깥 북쪽과 남쪽에도 3층짜리 건물들이 길게 있습니다. 이렇게 안을 다 둘러보고, 선지자는 처음 들어온 동쪽 문으로 나가서, 바깥에서 사방의 담을 측량합니다.

> 15 그가 안에 있는 성전 측량하기를 마친 후에 나를 데리고 동쪽을 향한 문의 길
> 로 나가서 사방 담을 측량하는데 16 그가 측량하는 장대 곧 그 장대로 동쪽을 측
> 량하니 오백 척이요 17 그 장대로 북쪽을 측량하니 오백 척이요 18 그 장대로 남
> 쪽을 측량하니 오백 척이요 19 서쪽으로 돌이켜 그 장대로 측량하니 오백 척이라
> (겔 42:15-19)

이 건물은 바깥에서 보면, 동서남북이 각각 500척, 우리 치수로 각각 250미터쯤 되는 정사각형 모양입니다.

지금까지 치수 재는 이의 뒤를 따르며 건물 곳곳을 보아 왔는데, 이제 건물의 전체 구조를 조망해 봅시다. 전체로 보면 가로 세로 250미터의 정사각형입니다. 바깥은 3미터 높이의 벽으로 둘러싸여 있고, 동쪽과 남쪽, 북쪽에 세 개의 문이 있습니다. 계단을 올라서 문으로 들어가게 되는데, 25미터 길이의 긴 문을 빠져나오면, 뜰을 만납니다. 뜰 맞은편으로 50미터 정도 걸어가 계단을 오르면, 다시 문에 들어가게 됩니다. 역시 처음 지나온 것 같은 긴 문을 통과하면 안뜰이 나오는데, 안뜰에 이르는 문도 동쪽과 남쪽, 북쪽에 3개입니다. 그러니까, 정사각형 가운데에 다시 정사각형이 있고, 가운데 안뜰이 있습니다.

안뜰의 중심에는 제단이 있고, 서쪽에 성전 건물이 세워져 있습니다. 성전의 중심 구역은 성소와 지성소인데, 동쪽 출입구 쪽 빼고는 방들로 감싸여 있습니다. 그리고 성전 건물 자체도 서쪽과 북쪽, 남쪽의 건물들이 감싸고 있습니다.

에스겔의 심정

우리로서는 이 환상을 이미지로 금세 그려 내기가 쉽지 않습니다. 그에 비해 에스겔의 심경에 대해서는 좀 더 수월하게 짐작해 볼 수 있습니다. 치수 재는 이를 따라가며, 에스겔은 어떤 마음이었을까요.

에스겔은 하나님이 가자고 해서 여기에 와 따라다니고 있습니다. 낯선 모습의 거대한 건물 안 곳곳을 따라가다가, 이 건물이 성전이라는 것을 알게 되었습니다. 감개무량했을 것입니다. 그는 제사장 가문 출신입니다. 태어나면서부터 어른들에게 듣기를 크면 제사장이 되어 성전에서 하나님을 섬기며 살 것이라고 했습니다. 성전은 그가 평생을 보낼 곳이었는데, 갑작스럽게 그 곳을 떠나오게 되었습니다.

서른 살이 되면, 정식 제사장으로 성전에서 일하게 될 예정이었습니다. 그런데 나라 꼴이 말이 아니어서, 에스겔은 스물다섯 나이에 한 번도 본 적 없는 먼 곳, 성전도 없는 곳으로 끌려왔습니다. 그의 미래는 막혔고, 평생의 준비가 물거품이 될 위기가 찾아온 것입니다. 그의 꿈에도 성전이 많이 나오지 않았을까요.

끌려간 지 10년 만에 청천벽력의 소식이 들려옵니다. 그때가 서른다섯 살이었는데, 평생 일할 터전으로 어린 시절부터 소원해 왔던 성전이 아예 사라져 버렸다는 소식을 듣습니다. 어떤 느낌이었을까요. 자기 인생을 생각하며, 이제까지 나는 무엇을 하려고 이렇게 살아왔던가 싶었을 것입니다. 그동안의 준비와 훈련은 대체 무슨 의미가 있을까요. 그가 평생 꿈꾸어 오던 일은 아예 멸종되어 버렸습니다.

이 마지막 환상에서 하나님이 에스겔을 성전으로 초대하십니다. 이 성전은 에스겔이 이전 환상에서 보았던, 우상 숭배로 가득한 당대의 성전이 아니었습니다. 하나님이 의도하신 대로 지어진 진짜 성전입니다. 이곳으로 에스겔을 초대하신 것입니다. 준공은 해 놓았으나 아직 문을 열지 않은 상태에서, 사람들이 몰려들기 전에 초대된 특별한 손님처럼 에스겔을 부르신 것입니다. 아직 누구의 발도 닿지 않은 그곳에 에스겔을 불러 거닐게 하십니다.

실제 에스겔은 지성소 근처에도 가 보지 못했을 것입니다. 대제사장만이 1년에 한 번 들어갈 수 있는 그곳으로, 하나님이 에스겔을 인도하십니다. 포로인 에스겔이 진본(眞本)이라고 부를 성전 한가운데에 서 있습니다.

우리는 때때로 인생에 빛이 비칠 날이 있을까 묻곤 합니다. 신앙생활을 하면서도 마찬가지입니다. '우리 인생에 좋은 것이 있을까? 하나님이 우리에게 좋은 것을 주실까?' 과연 우리 인생에 좋은 일이 있을까요.

별로 희망을 품고 사는 것 같지 않습니다. 좋은 일은 과거에만 있었던 것 같고, 대개 오늘은 그저 하루하루를 버티는 시간입니다. 내일은 오늘보다 나아지기를 소망하지만, 내일에 큰 기대를 거는 것도 아닙니다.

오래 살지 않아도 다 아는 기분입니다. 이십 대 초반의 대학생들도 후배들을 보며 '그때가 좋지. 즐겁게 지내라' 하고 말합니다. 나이가 들수록 손해입니다. 날이 갈수록 열렸던 가능성이 좁아지니 마음이 조급해집니다. 해 놓은 것도 없이, 자꾸 옹색한 처지로 몰려갑니다.

해 놓은 게 많은 사람들도 다르지 않아 보입니다. 자기보다 싱싱한 젊은 사람들이 치고 올라오는 걸 보며, '힘 좋은 저들을 무슨 수로 감당한단 말인가. 아, 좋았던 시절은 가 버렸구나' 하고 초조해합니다.

모두들 좋은 시절은 다 지나가 버렸구나 하는 심정으로 미래를 바라봅니다. 시간이 가는 게 무섭습니다. 막연한 희망을 담았던 미래는 오히려 불안의 원천이 됩니다. 우리가 무서워하는 그 일이 닥칠 시간이기 때문입니다.

성경은 미래에 대해 전혀 다르게 이야기합니다. 미래는 불안의 원천이 아니라, 과거에는 꿈꾸어 보지 못한 일이 실제로 일어날 무대입니다. 상쾌함이 더해 가는 시간이 다가올 것이라고 가르칩니다.

제사장을 꿈꾸었던 에스겔에게 하나님이 주시려는 것은 나라 멸망 이전의 성전, 겨우 그런 것이 아니었습니다. 하나님은 모두의 마음속에 있던 그 성전이 자취도 남지 않고 사라져 버린 이때, 오히려 더 놀라운 것을 보여 주십니다. 에스겔을 기다리고 있는 것은 진짜 성전이었던 것입니다. 날이 갈수록 더 좋은 것과 가까워집니다.

이스라엘의 미래

이 환상은 에스겔 개인을 위로하기 위한 메시지만이 아니었습니다. 하나님은 이 환상의 내용을 이스라엘 족속에게 그대로 들려주라고 하십니다. 전에도 에스겔은 이스라엘에 일어날 일에 대해 들은 적이 있습니다. 에스겔 34장에서 37장에 이르기까지, 멸망과 포로기를 거쳐 하나님이 결국 이스라엘에게 이루려고 하시는 일이 소개된 바 있습니다. 결국 하나님은 무슨 일을 이루실 것입니까.

10 주 여호와께서 이같이 말씀하시되 내가 목자들을 대적하여 내 양 떼를 그들의
손에서 찾으리니 목자들이 양을 먹이지 못할 뿐 아니라 그들이 다시는 자기도 먹
이지 못할지라 내가 내 양을 그들의 입에서 건져내어서 다시는 그 먹이가 되지 아
니하게 하리라 11 주 여호와께서 이같이 말씀하셨느니라 나 곧 내가 내 양을 찾
고 찾되 12 목자가 양 가운데에 있는 날에 양이 흩어졌으면 그 떼를 찾는 것 같
이 내가 내 양을 찾아서 흐리고 캄캄한 날에 그 흩어진 모든 곳에서 그것들을 건
져낼지라 13 내가 그것들을 만민 가운데에서 끌어내며 여러 백성 가운데에서 모
아 그 본토로 데리고 가서 이스라엘 산 위에와 시냇가에와 그 땅 모든 거주지에서
먹이되 14 좋은 꼴을 먹이고 그 우리를 이스라엘 높은 산에 두리니 그것들이 그
곳에 있는 좋은 우리에 누워 있으며 이스라엘 산에서 살진 꼴을 먹으리라 15 내
가 친히 내 양의 목자가 되어 그것들을 누워 있게 할지라 주 여호와의 말씀이니라
(겔 34 : 10–15)

나쁜 목자들 때문에 고생한 양 떼 같은 당신의 백성들을 하나님이 다 찾아가실 것이라고 합니다. 그래서 그들을 좋은 것으로 먹이실 것입니다. 하나님이 또 말씀하십니다.

28 내가 너희 조상들에게 준 땅에서 너희가 거주하면서 내 백성이 되고 나는 너
희 하나님이 되리라 29 내가 너희를 모든 더러운 데에서 구원하고 곡식이 풍성하
게 하여 기근이 너희에게 닥치지 아니하게 할 것이며 30 또 나무의 열매와 밭의
소산을 풍성하게 하여 너희가 다시는 기근의 욕을 여러 나라에게 당하지 아니하

게 하리니 31 그 때에 너희가 너희 악한 길과 너희 좋지 못한 행위를 기억하고 너
희 모든 죄악과 가증한 일로 말미암아 스스로 밉게 보리라 (겔 36 : 28–31)

하나님이 얼마나 풍성히 먹이시는지, 사람들이 '우리가 옛날에 왜 그렇게 하고 살았을까. 참 바보 같았구나' 하고 말할 것입니다. 하나님은 반드시 이 일을 이루실 것입니다. 그 어떤 것도 하나님의 뜻을 거스를 수 없습니다.

12 그러므로 너는 대언하여 그들에게 이르기를 주 여호와께서 이같이 말씀하시
기를 내 백성들아 내가 너희 무덤을 열고 너희로 거기에서 나오게 하고 이스라엘
땅으로 들어가게 하리라 13 내 백성들아 내가 너희 무덤을 열고 너희로 거기에서
나오게 한즉 너희는 내가 여호와인 줄을 알리라 14 내가 또 내 영을 너희 속에 두
어 너희가 살아나게 하고 내가 또 너희를 너희 고국 땅에 두리니 나 여호와가 이
일을 말하고 이룬 줄을 너희가 알리라 여호와의 말씀이니라 (겔 37 : 12–14)

만일 죽었으면, 살려서라도 그 풍성한 것을 먹게 할 것이라고 하십니다. 죽어서 다 없어진 때라도 괜찮습니다. 되살려서라도 이들에게 풍성한 삶을 허락하실 것이기 때문입니다. 그런데 이보다 더 좋은 것이 있습니다.

26 내가 그들과 화평의 언약을 세워서 영원한 언약이 되게 하고 또 그들을 견고
하고 번성하게 하며 내 성소를 그 가운데에 세워서 영원히 이르게 하리니 27 내
처소가 그들 가운데에 있을 것이며 나는 그들의 하나님이 되고 그들은 내 백성이

되리라 28 내 성소가 영원토록 그들 가운데에 있으리니 내가 이스라엘을 거룩하
게 하는 여호와인 줄을 열국이 알리라 하셨다 하라 (겔 37 : 26-28)

이들을 견고하게 하고 번성하게 하는 일은 그들 가운데 성소를 세우시는 것으로 마무리됩니다. 그래서 여기에 '내 성소'라는 말, '내가 너희 가운데 머물 것이다'라는 말이 강조됩니다.

하나님이 이스라엘에게 주실 좋은 것, 잘 먹이고 살려 내고 하는 일의 정점(頂點)은 무엇입니까. 이 모든 일은 하나님이 이들 가운데 거하시는 것, 하나님이 이들과 함께하시는 것으로 결론지어집니다. 바로 이 일의 실현을 에스겔이 지금 여기서 미리 보고 있습니다. 성전 곳곳을 측량한 후 환상이 이어집니다.

1 그 후에 그가 나를 데리고 문에 이르니 곧 동쪽을 향한 문이라 2 이스라엘 하나
님의 영광이 동쪽에서부터 오는데 하나님의 음성이 많은 물 소리 같고 땅은 그 영
광으로 말미암아 빛나니 3 그 모양이 내가 본 환상 곧 전에 성읍을 멸하러 올 때
에 보던 환상 같고 그발 강 가에서 보던 환상과도 같기로 내가 곧 얼굴을 땅에 대
고 엎드렸더니 4 여호와의 영광이 동문을 통하여 성전으로 들어가고 5 영이 나를
들어 데리고 안뜰에 들어가시기로 내가 보니 여호와의 영광이 성전에 가득하더라
(겔 43 : 1-5)

성전에 주인이 오십니다. 비어 있던 성전에 드디어 하나님이 임하시고, 그분의 영광이 가득하게 됩니다. 하나님의 영광이 동쪽에서부터 임하여 성전을 가득 채웁니다. 하나님이 여기 임하셔서 영

원토록 임재하실 것입니다. 하나님의 영원한 임재가 강조됩니다.

7 그가 내게 이르시되 인자야 이는 내 보좌의 처소, 내 발을 두는 처소, 내가 이스
라엘 족속 가운데에 영원히 있을 곳이라 (겔 43 : 7 상)

9 이제는 그들이 그 음란과 그 왕들의 시체를 내게서 멀리 제거하여 버려야 할 것
이라 그리하면 내가 그들 가운데에 영원히 살리라 (겔 43 : 9)

하나님의 임재

에스겔이 지금 보고 있는 성전은 하나님의 임재가 어떤 것일지 보여 주고 있습니다. 치수를 재면서 보았듯, 이 건물은 육중합니다. 담의 높이와 두께가 똑같습니다. 문도 문인지 건물인지 알 수 없을 정도로 육중합니다. 육중한 건축물로 치면, 이집트의 피라미드가 떠오르는데, 피라미드를 쌓은 돌 하나는 성인 남자의 키 높이 정도입니다. 여기 그 두 배에 가까운 높이와 두께의 벽으로 지탱되는 건물이 있습니다. 이곳을 흔들 자는 없습니다.

또, 이 건물은 정확한 치수로 지어져 있습니다. 여기저기 있던 돌들을 가져다가 생긴 대로 맞춰서 쌓아 올린 것이 아닙니다. 하나님이 계획하신 치수에 맞춰 정확히 지어 놓은 곳입니다. 이렇게 이 건물은 장중함, 견고함으로 특징지어집니다. 굳이 이런 건물이 세워진 이유가 무엇일까요.

20 그가 이같이 그 사방을 측량하니 그 사방 담 안 마당의 길이가 오백 척이며 너비가 오백 척이라 그 담은 거룩한 것과 속된 것을 구별하는 것이더라 (겔 42 : 20)

여기서 거룩한 것과 속된 것이 구별됩니다. 하나님의 임재가 있는 거룩한 그곳은 누구도 넘볼 수 없고 침노할 수 없습니다. 성전을 3미터 두께의 담이 두 겹으로 둘러싸고 있고, 다시 견고한 건물들이 감쌉니다. 성전 자체도 두터운 벽으로 세워져 있습니다. 하나님이 이곳에 임재하십니다.

하나님은 왜 이렇게 육중한 곳 안에 계시는 것일까요. 무서운 것이 있어서 그 안에 들어가 문을 걸어 잠그신 것일 리는 없습니다. 하나님은 적이 다가오지 못하도록 보호받아야 하는 분이 아닙니다.

이 두터운 담과 벽, 높은 지대는 하나님의 성소가 영원히 여기에 있을 것임을 알려 주고 있습니다. 하나님이 머물기로 작정하시면, 아무도 그분의 자리를 흔들 수 없습니다. 이렇게 임재를 확정하신 하나님이 말씀하십니다.

1 그가 나를 데리고 성소의 동쪽을 향한 바깥 문에 돌아오시니 그 문이 닫혔더라
2 여호와께서 내게 이르시되 이 문은 닫고 다시 열지 못할지니 아무도 그리로 들어오지 못할 것은 이스라엘 하나님 나 여호와가 그리로 들어왔음이라 그러므로 닫아 둘지니라 (겔 44 : 1–2)

에스겔이 처음 들어왔던 문으로 하나님이 들어오십니다. 이제

하나님이 임재하시니, 누구도 이 일을 변경할 수 없습니다. 누가 그분의 영광을 침노할 수 있겠습니까. 이 사실을 환상 속 성전이 드러냅니다. 에스겔은 환상 속 성전의 모양으로 이 사실을 확인하지만, 신약의 성도는 선지자보다 더 아는 것이 있습니다.

> 19 너희 몸은 너희가 하나님께로부터 받은 바 너희 가운데 계신 성령의 전인 줄
> 을 알지 못하느냐 너희는 너희 자신의 것이 아니라 20 값으로 산 것이 되었으니
> 그런즉 너희 몸으로 하나님께 영광을 돌리라 (고전 6 : 19-20)

구약 성경에서는, 하나님이 임재하시는 건물을 성전이라고 불러왔는데, 신약 성경에서는 성전이 실은 신자인 우리라고 합니다. 우리 안에 성소가 있습니다. 그러니까 그 육중한 성전, 아무도 움직일 수 없는 하나님의 임재가 우리 안에 있는 것입니다.

에스겔의 환상을 통해 우리 존재의 진실을 알게 됩니다. 하나님이 우리 가운데 머물기로 하셨으니, 누구도 그분이 계신 곳을 침범할 수 없습니다. 우리의 죄인 됨도 그분을 흔들 수 없습니다. 하나님은 우리와 함께하기로 하신 일을 그만두지 않기로 작정하셨습니다.

이제 우리 내면을 제대로 그려 낼 수 있습니다. 내 안에 있는 것은 무엇일까요. 우리는 그동안 우리가 잘한 것과 못한 것을 마음속에서 떠올리고, 그것으로 우리가 누구인지를 설명하려 하곤 했습니다.

그러나 이 환상을 통해 하나님이 말씀하시는 것은 무엇입니

까. 우리가 누구인지는 이와 같은 하나님의 임재를 떠올릴 때에야 비로소 설명될 수 있습니다. 하나님이 우리 가운데 이렇게 견고히 계시기에 우리 삶은 우리가 생각한 것과 다릅니다. 우리에게는 어떤 일도 허투루 생겨날 수 없습니다. 그분의 임재는 우리에게 확정된 미래를 가져옵니다.

정확한 치수로 성전을 지으신 것처럼, 하나님은 그렇게 정확하게 우리의 삶에 미래를 그려 내실 것입니다. 우리는 이것저것으로 삶을 헝클어 놓고 엉망으로 만듭니다. 때로는 삶을, 폭탄이라도 맞은 듯 무엇 하나 남지 않은 폐허로 만들어 놓습니다. 그러나 하나님은 우리 가운데 임하셔서 정확한 치수로 성전을 만들 듯 우리의 인생을 빚어 가실 것입니다. 우리의 삶 가운데 하나님의 임재가 확정되었기 때문입니다.

하나님이 우리에게 임재하십니다. 문까지 잠그고 영원히 우리와 함께하실 것입니다. 누구도 하나님의 성소를 흔들 수 없습니다. 이것이 우리의 인생이니, 우리 삶 가운데 좌정하신 하나님을 잊지 말아야 합니다.

기도

하나님, 하나님이 우리 가운데 임하셔서 우리를 하나님이 임재하시는 자리로 만드셨습니다. 우리 인생은 더는 하나님 없이 이리저리 휘둘리지 않습니다. 우리는, 우리의 부족함과 우리의 죄에도 흔들림 없이 좌정하고 계신 하나님으로부터 삶의 이유와 힘과 능력을 받아 누립니다. 우리에게 주어진 이 삶이 얼마나 무겁고 영광된 것인지 다시 돌아보는 지혜를 허락해 주십시오. 하나님을 모시고 사는 사람답게 주의 임재를 기억하며 한 걸음씩 앞으로 나아가는 저희가 되게 하여 주시옵소서. 예수님의 이름으로 기도합니다. 아멘.

06

새 나라의 왕, 최고 예배자

서정걸

9 주 여호와께서 이같이 말씀하셨느니라 이스라엘의 통치자들아 너희에게 만족하니
라 너희는 포악과 겁탈을 제거하여 버리고 정의와 공의를 행하여 내 백성에게 속여 빼
앗는 것을 그칠지니라 주 여호와의 말씀이니라 10 너희는 공정한 저울과 공정한 에바
와 공정한 밧을 쓸지니 11 에바와 밧은 그 용량을 동일하게 하되 호멜의 용량을 따라
밧은 십분의 일 호멜을 담게 하고 에바도 십분의 일 호멜을 담게 할 것이며 12 세겔은
이십 게라니 이십 세겔과 이십오 세겔과 십오 세겔로 너희 마네가 되게 하라 13 너희
가 마땅히 드릴 예물은 이러하니 밀 한 호멜에서는 육분의 일 에바를 드리고 보리 한
호멜에서도 육분의 일 에바를 드리며 14 기름은 정한 규례대로 한 고르에서 십분의
일 밧을 드릴지니 기름의 밧으로 말하면 한 고르는 십 밧 곧 한 호멜이며 (십 밧은 한
호멜이라) 15 또 이스라엘의 윤택한 초장의 가축 떼 이백 마리에서는 어린 양 한 마리
를 드릴 것이라 백성을 속죄하기 위하여 이것들을 소제와 번제와 감사 제물로 삼을지
니라 주 여호와의 말씀이니라 16 이 땅 모든 백성은 이 예물을 이스라엘의 군주에게
드리고 17 군주의 본분은 번제와 소제와 전제를 명절과 초하루와 안식일과 이스라엘
족속의 모든 정한 명절에 갖추는 것이니 이스라엘 족속을 속죄하기 위하여 이 속죄제
와 소제와 번제와 감사 제물을 갖출지니라 (겔 45:9-17)

우리의 상상력 저 너머

왜 에스겔 37장은 소망과 벅찬 기대로 깔끔하게 마무리되지 않고 본문 말씀과 같이 재미없는 주제를 포함한 지루한 서사를 이어 가고 있을까요. 에스겔 37장의 환상을 통하여 에스겔이 본 회복은 단지 실현을 기다리는 약속이 아니라 시공간을 초월한 하나님의 의지가 성취되는 실재적인 현장이었습니다. 거기서 에스겔은, 마른 뼈가 살아나 하나님의 큰 군대로 일어서는 모습을 보고, 남과 북으로 나뉘었던 이스라엘 왕국이 통일되어 하나님의 선한 왕 다윗의 다스림을 받게 되리라는 약속을 받습니다. 그리고 에스겔은 포로들에게 그 약속의 말씀을 전했습니다. 누가 믿었을까요. 그 누구도 하나님이 에스겔에게 주신 약속이 이루어지리라고 믿지 않았을 것입니다. 아니 믿을 수 없었을 것입니다.

그러나 그 말을 전하는 에스겔은, 시공을 초월한 하나님의 역사로 이끌려 들어가 자신의 전 존재로 경험한 바였으므로, 듣는 자들이 자기 말을 믿고 안 믿고는 중요하지 않았습니다. 그럼에도 에스겔은 이 백성을 향한 하나님의 의지와 변함없는 사랑의 능력을 확인했기에, 자신의 눈으로 본 회복이 반드시 이루어지리라는 확신이 있었기에, 듣는 자들의 반응에 개의치 않고 말씀을 전할 수 있었습니다. 듣는 자들의 반응과 상관없이, 이 은혜로운 구원과 회복을 전할 수 있는 것은 선지자로서 누리는 최고의 자랑이며 영광이라고 여겼을 것입니다.

이상의 내용을 담고 있는 에스겔 37장까지의 말씀을 읽으면, 거기서 에스겔서가 끝난다 해도 독자들 대부분은 만족했으리라 여겨집니다. 그런데 거기서 만족했다는 것은 어쩌면 그 이상의 기대가 없다는 의미이기도 합니다. 모든 희망이 사라져 뼈가 말라붙은 것 같은 이스라엘을 하나님이 회복해 주신다는데 무슨 기대를 더 할 수 있을까요. 그러나 에스겔서는 우리 기대의 한계치를 뛰어넘어 37장에서 끝나지 않고 더 나아갑니다. 에스겔이 더 나아가는 것이 아니라 하나님이 거기서 멈추지 않고 계속 더 가자고 하십니다.

하나님은 모두의 기대를 훌쩍 뛰어넘어 그들이 감히 꿈꾸지 못했던, 그들의 상상력은 너무나 빈약해서 꿈꿀 수도 없었던 곳까지 백성들을 이끌어 가십니다. 그리고 우리에게도 그리하십니다. 언제나 우리의 기대보다, 우리 상상력의 최대치보다 더 큰 계획 속에서 우리를 인도하시기에 신자 대부분은 하나님이 일하시는 방식을 이해하지 못하고 막막해합니다. 우리가 원하는 바는 대개 정황을 개선하는 수준에 머무르지만, 하나님의 목적은 우리의 존재가 바뀌는 것이기 때문입니다. 존재가 바뀐다니, 이 얼마나 막막한 말입니까. 그래서 우리 대부분은 마음 한편에 의혹과 불안을 가진 채 신앙생활을 이어 가는 것 같습니다.

에스겔 당시 포로가 된 이스라엘 백성이 기대하던 최대치의 회복이란 그저 이스라엘이 주권과 영토를 회복하는 것, 외세의 압제로부터 해방되는 것이었습니다. 이마저도 그들 스스로는 꿈꾸기조차 어려운 것으로 여겼습니다. 그러나 하나님은 거기에서 출발해 더 먼 곳을 바라보고 계십니다. 마치 우리가 구원을 말할 때, 죄악과 사망으로부터의 구원이 목적지가 아니라 출발점이며 그보다 더 적극적인 목적, 우리가 하나님의 자녀다운 성품과 영광을 회복하는 일로 나아가도록 요구받는 것과 마찬가지입니다. 그래서 에스겔서는 구원과 회복을 말하는 37장의 비전으로 마무리되지 않고, 거기에서부터 한참을 더 나아가 48장에 가서야 마무리됩니다. 그 사이는 이해도 쉽지 않고 마음에도 쉽게 와닿지 않는 새 성전의 설계와 측량, 각종 율법 규례들이 자리하고 있습니다.

그렇다면 하나님이 가지신 궁극적인 목적은 무엇일까요. 단지 이전의 상태를 회복하는 일보다 더 크신 뜻은 어디에 있을까요. 이 백성의 선조, 최초로 언약을 받은 족장 아브라함에게 하신 말씀에 하나님의 목적이 담겨 있습니다. '땅의 모든 족속이 너로 말미암아 복을 얻을 것이라'(창 12:3). 이 약속의 성취가, 하나님이 바라보고 계시는 목적지입니다. 이스라엘 백성이 언약에 신실하지 못하고 반역을 지속하자 에스겔의 시대에 결국 나라가 멸망해 언약도 희망도 부서지는 것처럼 보이던 때에도, 하나님은 여전히 그 약속을 잊지 않고 계시며 그 목적을 이루겠다는 뜻을 보여 주시려고 에스겔 40장 이후에 말씀을 이어 가십니다.

흔들리지 않는 평안

사람들은 대개 안정적인 삶을 소원합니다. 불확실성을 줄이고, 걱정과 근심을 덜어 내고, 고통과 억눌림에서 벗어난 자유로운 삶을 최고로 여깁니다. 그러나 외부로부터의 도전과 압력이라는 요소들을 모두 제거하여 평안을 얻고자 하는 것은 일종의 공상입니다. 우리는 세상을 벗어나 살 수 없고, 이 세상은 요동치는 곳이기 때문입니다. 진정한 평안은 세상이 아무리 요동치고 우리를 흔들어 대도, 변치 않으시며 신실하신 하나님을 알고, 하나님과 연합하는 것입니다. 하나님은 우리가 당신과 연합함으로 누리는, 세상은 알지 못하며 줄 수도 없고 빼앗을 수도 흔들 수도 없는 평안을 주고자 하십니다. 요한복음 14장을 보겠습니다.

27 평안을 너희에게 끼치노니 곧 나의 평안을 너희에게 주노라 내가 너희에게 주는 것은 세상이 주는 것과 같지 아니하니라 너희는 마음에 근심하지도 말고 두려

워하지도 말라 (요 14 : 27)

그런데 '나의 평안을 주겠다'라고 하시는 분, '근심하지도 두려워하지도 마라'라고 하시는 예수님은 어떤 상황에 처해 있는지 따져 봅시다. 요한복음 13장에서 예수님은 제자들과 마지막 유월절 만찬을 나누시면서 그들의 발을 씻어 주시고 가룟 유다의 배신을 예언하십니다. 그리고 13장 마지막 부분에서는, 베드로가 닭이 울기 전에 예수님을 세 번 부인할 것이라고 말씀하십니다. 유대인의 시간 개념은 해가 저무는 것으로 날이 끝나고 새로운 하루가 시작됩니다. 해 질 때부터 다음 날 해 질 때까지가 하루인데, 예수님이 제자들에게 평안을 주시며 근심하지도 말고 두려워하지도 말라고 격려하신 시점은, 당신이 십자가에 달리게 되는 바로 그날이 이제 막 시작된 시점입니다. 예수님은 곧 밤에 붙잡히셔서 밤새 심문을 받으시고 십자가형을 선고받습니다. 곧 바로 형이 집행되어 같은 날 오후에 십자가에서 죽으십니다. 이 모든 것을 다 아시는 분이, 자기를 버려두고 뿔뿔이 흩어질 제자들에게 평안을 전하며 근심과 두려움을 이기라고 말씀하시는 것입니다. 이어서 요한복음 16장입니다.

32 보라 너희가 다 각각 제 곳으로 흩어지고 나를 혼자 둘 때가 오나니 벌써 왔도
다 그러나 내가 혼자 있는 것이 아니라 아버지께서 나와 함께 계시느니라 33 이
것을 너희에게 이르는 것은 너희로 내 안에서 평안을 누리게 하려 함이라 세상에
서는 너희가 환난을 당하나 담대하라 내가 세상을 이기었노라 (요 16 : 32–33)

이 말씀을 끝으로 제자들에게 주시는 가르침도 마치십니다. 그리고 예수님은 성부 하나님에게 제자들을 위해 대제사장의 기도를 올리신 후(17장), 제자들과 감람산에 가셨다가 종교 지도자들에게 붙잡히십니다(18장). 이제 곧 붙잡혀 못 박히실 것을 아시는 상황에서 '내가 세상을 이기었노라'라고 담대하게 선언하십니다. 그러니 예수께서 말씀하시는 평안, 주겠다고 하시는 평안은 우리가 익히 알고 기대하는 것과는 너무나 다릅니다. 그저 아무 걱정이 없고, 소위 '힐링'이라고 표현되는 편안함을 가리키는 것이 아니라, 자신의 전 존재가 뒤흔들리는 위기 상황에서, 죽음을 목전에 둔 자신을 버려두고 뿔뿔이 흩어질 비겁한 제자들을 향하여 평안을 선포할 수 있을 만큼 견고하며 강력한 것입니다.

대체 이 평안은 어디에 근거한 평안이기에 외부로부터 명백히 다가오는 환난과 제자들의 배반, 홀로 남겨지는 지독한 외로움 속에서도 흔들림이 없고, 나아가 세상을 이길 수 있는 것일까요. 주님의 평안은 이 세상에서 하나님을 가장 깊이 아는 분으로서 누리는 평안입니다. 세상이 결코 거스를 수 없는 하나님이 뜻하신 일이기에 설령 목숨을 잃게 될지라도 영원한 비극으로 끝나지 않을 것을 아십니다. 하나님이 어떤 분인지 알기에 누리는 평안입니다. 예수님이 이 평안을 제자들에게 주기 원하셨습니다. 또한 에스겔서에서도 심판이 선포되는 말씀의 구절구절마다 하나님이 언약 백성에게 바로 이 평안을 주고자 하셨다는 것을 알 수 있습니다. '내가 여호와인 줄 너희가 알리라.'

심판과 멸망은 이스라엘 백성이 스스로 저지른 죄의 결과이지만 하나님은 이 모든 일을 통하여 자기 백성이 여호와 하나님을 더 깊이 알도록 목적하십니다. 이 말씀은 모든 멸망과 심판의 선언 때마다 덧붙여져 함께 전해집니다. 무슨 의미일까요. 살아남는 것보다, 나라를 지키는 일보다, 안락한 삶을 영위하는 것보다 하나님을 아는 것이 더 중요하고 시급한 일이라는 뜻입니다. 이를 위해서 하나님은 나라도 예루살렘도 성전도 얼마든지 부숴버리실 수 있습니다.

하나님은 거짓된 평안에 속지 말라고 에스겔을 통하여 백성들을 일깨우셨습니다. 예루살렘 성전이 건재하고 '다윗 언약'을 이어받은 왕이 있으니 평안할 것이라는 당시 거짓 선지자들의 달콤한 말에 속지 말라고 경고하십니다. 하나님이 주고자 하시는 평안은 이스라엘 국경 안, 예루살렘 성벽 안에만 있는 것이 아니라, 두렵지만 심판과 멸망 너머에도 여전히 있습니다.

싸움이 없고 걱정 근심이 없는 소극적인 평안이 아니라, 나라가 망하고 언약이 깨어지는 듯 보여도 결국 하나님의 뜻이 이루어진다는 것을 알기에 누리는 평안입니다. 이 일에 도전하시기 위하여 하나님은 언약 백성으로 하여금 멸망과 포로라는 비극을 경험하게 하십니다. 그들이 하나님 앞에 신실하지 않아 스스로 자초한 파국이지만 하나님은 당신의 신실하심을 거두지 않으십니다. 포로 된 백성들은 이제 다 끝났다고 절망했지만 하나님은 그들의 조상들과 맺은 언약을 잊지 않으셨습니다. 마른 뼈와 같은 그들을 하나님의 큰 군대로 일으키시고, 다윗 왕을 통하여 하나된 이스라엘을 다시 통치하시리라는 환상을 보여 주셨습니다.

이 위대한 회복의 환상으로부터 말씀은 멈추지 않고 더 나아갑니다. 38, 39장에서는 마곡의 왕 곡을 앞세운 대적들의 침략이 하나님의 언약 백성을 위협하는 모든 세력을 일망타진하는 마지막 전쟁이 되게 하시리라 말씀하신 후에, 마지막으로 40장에서 48장에 이르는 긴 환상을 통하여 새로운 나라를 세우시고 하나님이 새 성전에 임재하시는 이야기가 이어집니다.

새 성전, 새 왕

먼저 환상이라는 단어에 대한 선입견을 접읍시다. 우리에게 환상이란 실재가 아닌 것을 전제하는 단어입니다. 마치 환각이나 꿈처럼 무의식적인 활동의 일종으로 생각됩니다. 그러나 하나님이 에스겔에게 보여 주신 환상은 그 무엇보다도 더 참된 실재입니다. 이는 막연한 소원이나 바람이 아니라 전능하신 하나님의 의지를 시각화한 것이기 때문입니다. 우리의 의지는 우리의 능력과 심각한 부조화를 이루고 있지만, 하나님이 의지로 하시는 일은 전능하신 하나님에 의하여 반드시 성취됩니다. 그런 차원에서 하나님이 보여 주시는 환상은 아직 역사적 경험으로 확인되지 않았을 뿐, 반드시 이루어질 일이고 참된 실재입니다. 이런 이해 속에서 새 성전에 대한 환상을 살펴보아야 하겠습니다.

에스겔이 환상 가운데 마주한 성전의 독특한 특징 중 하나는 성전을 둘러싸고 있는 담이 매우 두껍고 높다는 데 있습니다. 두께와 높이가 각각 3미터나 되는, 일반 단층 건물 수준의 구조물이 사방 250미터 길이로 성전을 두르고 있습니다. 담은 공간을 구분하기 위한 구조물입니다. 보통 건물들을 보면 두께가 얇고 높이는 성인 남성의 키를 조금 넘을 정도입니다. 그런데 과도하리 만큼 두껍고 높은 이 담의 용도를 에스겔 42장 20절에서는 이렇게 설명합니다.

> 20 그가 이같이 그 사방을 측량하니 그 사방 담 안 마당의 길이가 오백 척이며 너비가 오백 척이라 그 담은 거룩한 것과 속된 것을 구별하는 것이더라 (겔 42 : 20)

이 거대한 담은 그 규모를 통하여 이스라엘을 지키겠다고 하시는 하나님의 의지를 상징적으로 보여 줍니다. 다시는 이 성전이 부정한 것들로 더럽혀지지 않도록 지키겠다고 하시는 하나님의 의지를 담고 있습니다. 그리고 43장에서 여호와의 영광이 성전 동쪽 문으로 들어가고 44장에서는 의미심장하게도 동쪽 문을 닫아 두라는 하나님의 명령이 나옵니다.

> 2 여호와께서 내게 이르시되 이 문은 닫고 다시 열지 못할지니 아무도 그리로 들어오지 못할 것은 이스라엘 하나님 나 여호와가 그리로 들어왔음이라 그러므로 닫아 둘지니라 (겔 44 : 2)

하나님이 들어오신 문으로 들어올 수 있는, 하나님과 동등한 존재는 있을 수 없다는 뜻이기도 하지만 하나님이 다시는 성전을 떠나지 않겠다고 선언하시는 내용이기도 합니다. 영원히 자기 백성 가운데 거하겠다고 하십니다. 무너져 버린 옛 성전에서 하나님이 떠나가시자 예루살렘과 유다 왕국이 멸망한 것을 생각해 보면 하나님이 함께하시는 것이 이 백성의 운명을 결정하는 절대 조건임을 알 수 있습니다. 그러니 과하다 싶을 만큼 견고한 구조의 벽으로 성전을 두르는 모습이나, 여호와께서 친히 들어오신 문을 닫아 놓으라는 말씀들은 백성에게 이렇게 전하는 것입니다. "나는 거룩한 하나님이니 너희도 거룩한 것과 속된 것을 구별하는 자가 되어라. 나는 결코 이 성전과 너희를 떠나지 않을 것이다. 그러니 너희는 나와 더불어 사는 법을 배워라."

40장 이후로 46장에 이르기까지 새 성전의 구조를 보여 주고 그곳에 여호와의 영광이 임재하는 환상은 출애굽기 후반부터 이어지는 율법을 소개하는 단락을 떠올리게 합니다. 성막을 만들라는 명령과 그 성막의 뜰 안 제단에서 드려질 제사의 목록과 절차들, 제물을 드릴 제사장의 위임과 그들이 지켜야 할 법도를 알려 주시는 내용들 말입니다. 즉 새 성전에 대한 환상은 옛 이스라엘이 처음 나라를 세워 갈 때처럼 하나님과의 관계를 차근차근 다시 밟아 가는 모습을 떠올리게 하는 문학적 장치라고 볼 수 있습니다. 이를 통하여 하나님은, 애굽에서 해방된 히브리인들이 하나님과 언약을 맺고 법을 세워, 이스라엘이라는 나라가 세워졌던 것처럼 다시금 이 백성들과 함께 새 나라를 건설하려 하십니다.

그리고 본문 말씀에 이르면 왕에 관한 규례가 등장합니다. 본문을 보면 '군주', 그리고 '통치자'로 번역된 단어가 나옵니다. 일반적으로 '왕'이라는 단어보다는 수위가 낮은 표현들입니다. 하지만 왕으로 표현되든지 통치자 혹은 군주로 표현되든지 이들은 모두 이스라엘 백성들 가운데서 높은 자들이고 일반 백성들에게 큰 영향력을 미치는 자들입니다. 구약의 역사서를 보면 이스라엘의 왕에 관한 기록이 대부분입니다. 이스라엘의 왕은 백성을 대표하는 자였고, 백성들을 다스렸기 때문입니다. 그러니 굳이 백성들의 잘잘못을 일일이 따지지 않아도 왕을 보면 그를 대표로 하는 백성의 수준을 알 수 있으니 왕 한 사람만 보자는 것입니다.

구약의 역사서를 보면 이스라엘 역사 내내 왕이 제 역할을 감당하지 못하여 하나님이 진노하시고, 왕을 일깨우려 하나님이 선지자들을 보내시고, 그들을 통하여 왕을 질책하고 회복하시는 모습들이 나옵니다. 특별히 에스겔 34장에서 살펴본 대로, 이스라엘 백성들의 목자로 부름을 받은 통치자들이 하나님의 뜻대로 행하지 않고 하나님이 맡기신 양들을 자기 배를 채우는 수단으로 삼아 하나님이 진노하셨던 일이 있었습니다. 본문 말씀에는 왕에 대한 규례를 통하여 과거의 그 실패가 반복되지 않게 하겠다는 하나님의 강력한 의지가 담겨 있습니다.

본문 말씀 이전 45장 1절에서 8절에는 성소와 제사장, 레위인과 왕을 위해 땅을 구별하여 기업으로 줄 것을 말씀합니다. 새롭게 회복될 이스라엘 땅의 중심에 성소가 세워지고, 그 주위로 제사장의 땅이, 또 그 바깥으로 레위인의 땅이 구별된 후에, 거기로부터 동쪽 국경에 이르고, 서쪽 국경에 이르는 국토의 중심부 거의 전체를 왕에게 기업으로 주십니다. 충분히 넓은 땅을 주어 그가 자기 백성을 압제하지 않도록 하시려는 하나님의 의도가 밝혀집니다. 이스라엘 역사 가운데 반복되었던 모든 실패와 오류를 고쳐 다시는 하나님이 자기 백성을 심판하는 일이 일어나지 않도록 하겠다는 의지가 율법의 형식으로 이어지고 있습니다.

왕을 비롯한 통치자들이 해야 할 일들은 이러합니다. 포악과 겁탈을 제거하고 정의와 공의를 행할 것, 속여 빼앗지 말 것, 공정한 저울과 정확한 도량으로 기준을 세울 것, 그리고 하나님에게 드릴 예물이 규례에 따라 정확히 드려질 수 있도록 백성에게서 모아 하나님을 예배하는 일에 차질이 없도록 할 것, 이것이 군주의 역할입니다.

세상에서는 군주를 권력을 가진 자, 군림하는 자로 이해하고 두려워하지만 하나님의 나라에서 군주는 백성들이 하나님을 예배할 수 있도록 돕는 자이고, 모든 백성보다 앞서 하나님에게 나아가 예배하는 '최고 예배자'입니다. 이것이 하나님이 새롭게 일으켜 세우실 새 나라를 다스리는 왕의 모습입니다. 백성들 위에 군림하여 그들의 피를 빨아먹는 압제자가 아니라, 백성들과 함께 서서 가장 앞에서 하나님을 예배하는 사람, 백성들이 하나님을 예배할 수 있도록 필요한 모든 것을 앞장서서 준비하는 모범 예배자입니다.

다시는 하나님이 이 백성을 떠나는 일이 생기지 않도록, 이들을 통하여 온 세계의 모든 족속에게 복을 주시려는 언약을 성취하기 위한 비전이 율법이라는 형식으로 제시됩니다. 우리에게는 '율법'이라는 장르가 지루하지만, 율법에 익숙하고 어려서부터 그 속에서 살아온 언약 백성들에게는 하나님이 삶의 기준선을 더욱 분명하게 새로 그어 주시는 은혜로운 말씀이었을 것입니다.

그런데 '최고 예배자'로서 왕을 규정하는 이 율법의 말씀이 누구를 가리키고 있는지를 우리는 분명히 알고 있습니다. 바로 다윗의 자손 예수입니다. 예수님은 제자들에게 이렇게 말씀하십니다. "내가 아버지의 계명을 지켜 그의 사랑 안에 거하는 것 같이 너희도 내 계명을 지키면 내 사랑 안에 거하리라"(요 15:10). 예수님은 십자가를 지시는 데까지 하나님의 뜻에 순종하셨습니다. 그의 전 생애로 드린 예배가 십자가 위에서 완성되었습니다. 그리고 하나님은 그 예배를 받으셔서 하나님의 영광을 드러내십니다. 바로 에스겔서가 제시하고 있는 가장 이상적인 통치자, 최고 예배자의 모습입니다.

예수님은 자기 백성을 위해 자신을 내어 주시는 왕입니다. 군림하고 지배하여 힘으로 자신의 위치를 가늠하는 세상의 여느 왕과는 다릅니다. 예수님은 세상이 자기를 어떻게 보는지, 사람들이 자기를 어떻게 보는지에 관심을 두지 않습니다. 오직 하나님의 뜻이 어디에 있는가를 좇아 발걸음을 옮기시고 하나님이 사랑하시는 그 사람들을 위해 자기의 생명을 내놓으십니다. 세상의 통치자들이 힘과 능력으로 답을 내놓을 때, 예수님은 사랑으로, 하나님을 향한 순종으로 자신의 왕권을 증명하십니다.

우리는 나 하나 잘 살게 해 달라고, 별다른 걱정할 필요 없이 예측 가능한 삶의 수준을 지키게 해 달라고 하나님에게 기도하고 매달리기도 합니다. 그런데 이런 자세와 기도는 하나님을 모욕하는 일입니다. 하나님을 내가 생각하는 수준으로 끌어내리는 일입니다. 성경은 그 정도에서 타협하고 머무르려는 것을 우상 숭배라고 정의합니다. 하나님은 우상과 다르시기에 우리가 당신이 목적하신 영광에 미치지 못하는 적당한 수준에서 만족하지 않도록 우리를 일깨우십니다. 때로는 우리가 누리는 작은 평안을 무참히 깨뜨리십니다. 그리고 하나님이 우리에게 목적하신 진정한 영광을 예수님을 통해 보여 주십니다.

"보아라! 여기에 왕이 있다. 보아라! 이것이 내가 너희에게 보여 주고 싶었던 참된 왕의 모습이다! 너희는 이런 왕이 다스리는 나라에 살고 있다. 내 나라는 자기 권세로 군림하고 다른 이를 압제하여 자신의 지위를 확인하고 유지하는 나라가 아니다."

하나님은 우리의 빈약한 상상력으로는 그려 낼 수 없는 사랑의 나라를 예수님을 앞세워 보여 주고 계십니다. 하나님 나라의 왕은 빼앗지 않고 내어 줍니다. 그 나라의 권력은 군림하지 않고 섬깁니다. 그 나라의 영광은 높은 곳에 있지 않고 낮은 곳을 향합니다. 그 나라는 사랑의 나라입니다.

하나님은 이 나라의 왕이 예배하듯이 우리도 그렇게 예배하기를 원하십니다. 왕은 백성을 대표하고, 백성은 왕의 다스림을 받습니다. 우리가 예수를 우리의 왕으로, 주로 고백한다면 주께서 그의 전 생애로 하나님을 예배한 것처럼 우리도 각자 삶의 자리에서 예배자로 서야 합니다. 우리의 삶과 우리의 예배는 분리될 수 없습니다.

하나님은 이런 모습의 새 이스라엘을 환상 가운데 보여 주고 계십니다. 에스겔과 동시대의 포로들은 에스겔을 통하여 하나님이 전해 주신 부분까지만 볼 수 있었지만 우리는 하나님 나라의 진정한 왕의 삶과 죽음, 전 생애를 본 자들입니다. 그러니 우리는 참된 왕의 모습을 더 분명히 본 백성답게 우리의 가치 기준을 점검하고 조율해야 합니다. 우리가 속해 있는 나라의 영광은 섬김을 받는 데 있지 않고 섬기는 데 있습니다. 사랑받는 데 있지 않고 사랑하는 데 있습니다. 높은 자리가 왕의 자리가 아니라, 가장 낮은 자리가 왕의 자리입니다.

기도

하나님 아버지, 감사합니다. 오늘 우리에게 주신 말씀을 통해서 하나님이 우리에게 의도하신 영광이 우리가 생각하는 것보다 훨씬 더 큰 것임을 다시 한번 살펴보았습니다. 하나님, 함께하여 주셔서 우리를 깨우쳐 주시고, 우리가 이 세상의 문법에 익숙해서 놓치고 있는 많은 기회들을 붙들게 하여 주시옵소서. 그곳에서 사랑하며 섬기며 하나님께서 주신 왕 노릇, 예배자 노릇을 잘 감당할 수 있게 하여 주시옵소서. 예수님의 이름으로 기도합니다. 아멘.

07

되살아나리라

강선

1 그가 나를 데리고 성전 문에 이르시니 성전의 앞면이 동쪽을 향하였는데 그 문지방
밑에서 물이 나와 동쪽으로 흐르다가 성전 오른쪽 제단 남쪽으로 흘러 내리더라 **2** 그
가 또 나를 데리고 북문으로 나가서 바깥 길로 꺾여 동쪽을 향한 바깥 문에 이르시기
로 본즉 물이 그 오른쪽에서 스며 나오더라 **3** 그 사람이 손에 줄을 잡고 동쪽으로 나
아가며 천 척을 측량한 후에 내게 그 물을 건너게 하시니 물이 발목에 오르더니 **4** 다
시 천 척을 측량하고 내게 물을 건너게 하시니 물이 무릎에 오르고 다시 천 척을 측량
하고 내게 물을 건너게 하시니 물이 허리에 오르고 **5** 다시 천 척을 측량하시니 물이
내가 건너지 못할 강이 된지라 그 물이 가득하여 헤엄칠 만한 물이요 사람이 능히 건
너지 못할 강이더라 **6** 그가 내게 이르시되 인자야 네가 이것을 보았느냐 하시고 나를
인도하여 강 가로 돌아가게 하시기로 **7** 내가 돌아가니 강 좌우편에 나무가 심히 많더
라 **8** 그가 내게 이르시되 이 물이 동쪽으로 향하여 흘러 아라바로 내려가서 바다에 이
르리니 이 흘러 내리는 물로 그 바다의 물이 되살아나리라 (겔 47:1–8)

물

에스겔 40장부터 시작된 환상이 계속됩니다. 선지자는 인도자를 따라 성전 곳곳을 다녔습니다. 그곳은 가로세로 각각 250미터 길이의 담이 정사각형 모양으로 둘러쳐져 있었습니다. 축구장의 열 배 가까이 되는 면적입니다. 바깥에서 보면, 높이 3미터가 넘는 담이 둘러싸고 있습니다. 계단을 올라 문에 들어서서 25미터 깊이의 실내를 지나면 문 바깥으로 나갑니다. 이 문은 웬만한 실내 체육관 크기입니다. 문을 나서면, 넓은 뜰이 나오고, 뜰을 건너 계단을 오르면 다시 문에 들어서게 됩니다. 문을 지나면 안뜰이 나오는데, 그 한가운데에 제단이 우뚝 솟아 있습니다.

이 건물은 북과 남, 그리고 동쪽에 문이 각각 두 개씩 있고 어느 문으로든 이 안뜰에 들어설 수 있습니다. 동쪽 문으로 들어가면, 가운데 있는 제단 너머, 맞은편에 건물이 하나 보이는데, 그것이 성전 건물입니다.

에스겔은 건물 치수를 재는 인도자를 따라 다시 건물 바깥에서 있었는데, 인도자가 선지자를 안뜰의 성전 앞으로 인도합니다. 가만 보니까 성전 앞 문지방에서 물이 흘러나옵니다. 물이 잘못 흘러 바닥을 적시는 정도가 아닙니다. 아예 물길을 만들 정도로 홍건히 흐르고 있습니다. 안뜰 한가운데에는 제단이 자리하고 있어서인지, 물이 제단 남쪽으로 지나갑니다. 인도자가 선지자를 북문으로 인도해 북문 바깥에서 담을 빙 돌아 동문에 이릅니다. 선지자는 무슨 일인가 싶었을 것입니다.

바깥쪽 동문에 이르러 보니까, 동문 오른쪽에서도 물이 스며나오고 있었습니다. 방향을 생각해 보면, 분명히 이 물은 아까 성전 문지방에서 흐르기 시작한 그 물입니다. 그 물이 건물 바깥까지 흐르더니, 이제 동쪽으로 흘러 나가고 있습니다.

인도자는 물을 따라 동쪽으로 나아가기 시작합니다. 손에 잡은 줄로 거리를 재면서 동쪽으로 앞서 나아갑니다. '천 척'을 갔다고 하니, 500미터쯤 되는 거리입니다. 그렇게 500미터를 가서는 선지자에게 물에 들어가 건너 보라고 합니다. 그 말을 따라 물에 들어가니, 물이 발목까지 찹니다.

인도자는 다시 '천 척' 곧 500미터를 더 가더니, 또 선지자에게 물을 건너가라고 합니다. 이번에는 물이 무릎까지 찹니다. 뒤를 돌아보니 바깥 동문이 제대로 보이지 않을 정도로 멀리 나아왔습니다.

인도자는 다시 500미터를 더 가서 선지자에게 물에 들어가라고 합니다. 이번에는 물이 허리에 이릅니다. 인도자는 자꾸 더 나아갑니다. 다시 500미터를 더 가서, 선지자에게 물에 들어가보라고 합니다. 추이를 볼 때, 선지자는 마음에 주저함이 생겼을 듯합니다. 물은 분명히 더 깊어질 것입니다. 아니나 다를까, 이제는 수심이 키를 넘어 헤엄을 치지 않고는 건널 수 없는 지경이 되었습니다.

이제 인도자는 선지자를 강변으로 나오게 합니다. 처음에는 물이 졸졸 흐르는 정도였는데, 이제는 '강'이라고 부를 정도로, 물이 불어났습니다. 어느새 성전 앞 바닥을 적시던 물이 '강'이 된 것입니다. 지금까지 얼마나 나아온 것인지 돌아보니, 문에서 2킬로미터를 나왔습니다. 지하철 한 정거장 정도 되는 거리입니다.

선지자가 강에서 나와 보니, 강 주변 둔덕에 나무가 많이 있습니다. 환상이니까 이제야 보였을 수 있습니다. 선지자가 무엇을 보게 되었는지 컴퓨터 그래픽 화면으로 상상하자면, 처음에는 흰 바탕에 크고 긴 담에 둘린 건물만 보입니다. 어느새 그 건물에서 물이 흘러나옵니다. 처음에는 물줄기가 바닥을 적시는 듯했는데, 이제 깊고 넓어지며 계속 흘러갑니다. 물길을 따라오다 뒤돌아서니 저 멀리 건물이 보입니다. 이제 이 광경에 색깔을 입혀 봅시다. 다시 눈을 돌려 앞을 보면, 푸른 물이 넘실거리고 있습니다. 강가에 나무가 심히 많습니다. 나무들은 무슨 색이었을까요. 강 옆으로 푸른 잎사귀가 가득한 나무들이 잔뜩 둘러서 있습니다. 이런 정경이 펼쳐지는데, 인도자가 말하기 시작합니다.

> 8 그가 내게 이르시되 이 물이 동쪽으로 향하여 흘러 아라바로 내려가서 바다에 이르리니 이 흘러 내리는 물로 그 바다의 물이 되살아나리라 (겔 47 : 8)

물은 계속 동쪽으로 흘러간답니다. 성전은 예루살렘에 있었습니다. 물론 이것은 환상 속 장면이어서, 실제 지형을 정확히 반영하는 것이라고 단정할 수 없지만, 처음부터 이스라엘 땅이라고 말씀하시고 보여 주신 환상이니 우리는 이스라엘 지형에 맞춰 환상을 따라갈 수 있겠습니다.

사해

인도자는 물이 아라바로 내려가서 바다에 이른다고 합니다. '아라바'는 요단 계곡입니다. 성전이 있던 예루살렘은 지대가 높은 곳이었습니다. 환상에서도 성전은 우뚝 솟아 있었습니다. 성전의 동편은 내리막길입니다. 이 내리막길이 사해에 이를 때까지 이어집니다. 물이 동쪽으로 흘러 바다에 이른다고 되어 있는데, 이 바다는 사해를 가리킬 것입니다.

예루살렘은 해발 800미터가 넘고, 사해는 해수면 아래로 400미터입니다. 사해는 바다보다 낮은 곳에 위치하여 요단강에서 들어온 물이 빠져나가지 못합니다. 그러니까 낙차가 1,200미터인 것입니다. 교회 가까이에 있는 롯데월드타워의 높이가 555미터입니다. 이 건물 두 개를 세워 놓은 높이에서 물이 아래로 흘러내리는 것입니다. 거리도 짐작해 볼 수 있습니다. 예루살렘 성전과 사해의 거리는 대략 30킬로미터입니다. 서울 잠실의 저 높은 곳에서 김포 공항까지 물이 흘러내린다고 생각하면 실감이 날 것입니다.

선지자가 인도자의 지시에 따라 직접 물에 들어가 보니까, 물길이 2킬로미터를 지나자 물이 선지자의 키를 넘었습니다. 이때 수심이 대략 2미터쯤이라고 볼 때, 이 비율대로라면, 물이 30킬로미터쯤 흘러가면 수심이 적게 잡아도 30미터는 될 것입니다. 참고로 한강은 가장 깊은 곳도 15미터가 안 됩니다. 비교해 보면, 이 물이 어떤 규모인지 짐작할 수 있습니다. 에스겔이 보고 있는 물은 '강'이라고 부르기에 적절해 보이지 않습니다. 기울기와 수량을 생각해 보면, 강이라기보다는 폭포 같은 형세입니다.

환상 속에서 물이 급격히 불어나고 있는데, 그 물이 1,200미터 낮은 곳으로 쏟아져 내린다고 말하는 게 더 어울려 보입니다. '이 흘러 내리는 물로 그 바다의 물이 되살아나리라'라고 인도자가 말하기 때문입니다(겔 47:8).

앞에서 이 바다는 사해라고 했습니다. 사해는 염도가 굉장히 높아서 사람 몸도 뜹니다. 바다 염분 함량의 열 배나 되기 때문입니다. 생명체가 살 수 없습니다. 물고기도 살지 못합니다. 이를테면, 사해로 흘러들어 오는 강이 요단강인데, 요단강에서 놀던 물고기가 긴장을 풀고 있다가 여기로 휩쓸려 오면 죽습니다. 그런데 그런 물이 살아날 정도로 물이 쏟아부어질 것이라고 합니다.

사해 같은 곳이 생물이 살 정도로 바뀌려면, 물을 얼마나 퍼부어야 할까요. 적어도 사해의 열 배는 되는 물을 퍼부어야 바다 염도와 비슷해질 것입니다. 곧, 사해가 살아나려면, 사해에 물을 보충하는 정도로는 안 됩니다. 사해의 물을 다 걷어 버릴 기세로 물을 쏟아부어야 할 것입니다. 사해는 서울 면적의 두 배가 조금 못 됩니다. 그러니까 서울 두 배 크기의 땅에 물을 쏟아붓는 것입니다. 그래서 어떤 변화가 일어납니까.

> 9 이 강물이 이르는 곳마다 번성하는 모든 생물이 살고 또 고기가 심히 많으리
> 니 이 물이 흘러 들어가므로 바닷물이 되살아나겠고 이 강이 이르는 각처에 모든
> 것이 살 것이며 10 또 이 강 가에 어부가 설 것이니 엔게디에서부터 에네글라임
> 까지 그물 치는 곳이 될 것이라 그 고기가 각기 종류를 따라 큰 바다의 고기 같
> 이 심히 많으려니와 11 그 진펄과 개펄은 되살아나지 못하고 소금 땅이 될 것이며
> 12 강 좌우 가에는 각종 먹을 과실나무가 자라서 그 잎이 시들지 아니하며 열매
> 가 끊이지 아니하고 달마다 새 열매를 맺으리니 그 물이 성소를 통하여 나옴이라
> 그 열매는 먹을 만하고 그 잎사귀는 약 재료가 되리라 (겔 47 : 9－12)

물이 얼마나 쏟아지는지, 사해를 채우던 죽음의 물은 씻겨 가고, 물고기가 살 수 있는 물로 채워집니다. '엔게디'와 '에네글라임'은 사해 서쪽에 붙어 있는 마을입니다. 거기가 어부들의 마을이 될 것입니다. 또 '큰 바다', 즉 지중해처럼 엄청난 수의 물고기가 살 것입니다. "그 진펄과 개펄은 되살아나지 못하고 소금 땅이

될 것이며"라는 11절 말씀은 물이 가득할 것이지만, 염분도 있어야 사람이 사니, 염분이 유지되는 곳이 있을 것이라고 덧붙여 이야기하는 것입니다.

사해만 이렇게 변하는 것이 아닙니다. 강 좌우에는 과실나무가 가득한데, 달마다 새 열매를 냅니다. 열매는 맛있는 먹을거리, 잎사귀는 약재가 되는 나무들이 이 강가를 둘러쌀 것입니다.

환상의 풍경을 다시 정리해 봅시다. 저 뒤에 건물이 있고 그 한가운데에 성전이 있었습니다. 거기에 하나님이 임하셔서 하나님의 영광이 가득합니다. 우리는 이 환상을 보고 물을 수 있습니다. '하나님의 영광이 성전에 가득해서 어쨌다는 말인가.'

이 물음에 대해 환상은 우리 눈높이에 맞춰 답을 해 주는 것입니다. 하나님이 임재하시니 저 바깥 30킬로미터나 떨어진 곳에서 이런 일이 벌어집니다. 하나님의 영광이 흘러나오면, 저 먼 곳에서도 놀라운 일이 일어납니다.

'사해'(死海)를 생각해 봅시다. 이름부터가 '죽음의 바다'입니다. 일단 자기한테 들어온 것은 절대 밖으로 내보내지 않아 죽음의 물이 되었습니다. 요단강에서부터 물이 계속 흘러들어 오지만, 바다보다 훨씬 낮은 곳이어서 뭔가 들어오기만 할 뿐 빠져나갈 수가 없습니다.

우리는 살면서 뭔가 들어오기만 하고 빠져나가는 것이 없으면 좋을 것 같은데, 사해가 바로 그런 곳입니다. 사해는 물이 더는 흐르지 않아, 물만 겨우 증발하고 광물질은 그대로 남아 어떤 것도 견딜 수 없는 곳이 되었습니다. 사해는 스스로 죽음을 증언하고 있습니다. 그런데 이런 죽음의 땅도 하나님의 영광이 조금 흐르니 천지개벽합니다. 언제 누가 사해 주변 마을을 보며 거기가 어항(漁港)이 될 것이라 생각했겠습니까.

왜 우리에게까지 이 이야기를 들려주고 있을까요. 이런 일이 우리를 기다리고 있기 때문입니다. 이스라엘 족속에게만이 아니라 우리 모두에게 들려오는 소식입니다.

에스겔 47장 13절 이하에 보면, 성전이 있는 건물 주위 옛 이스라엘 땅이 이스라엘 백성들에게 다시 기업으로 회복되는 일이 기록되어 있습니다. 기업으로 회복된 땅은 제비뽑기를 통해 골고루 분배됩니다. 그런데 이번에는 땅이 이스라엘 족속에게만 한정되지 않습니다.

> **22** 너희는 이 땅을 나누되 제비 뽑아 너희와 너희 가운데에 머물러 사는 타국인 곧 너희 가운데에서 자녀를 낳은 자의 기업이 되게 할지니 너희는 그 타국인을 본토에서 난 이스라엘 족속 같이 여기고 그들도 이스라엘 지파 중에서 너희와 함께 기업을 얻게 하되 **23** 타국인이 머물러 사는 그 지파에서 그 기업을 줄지니라 주 여호와의 말씀이니라 (겔 47 : 22-23)

이스라엘 사람들 가운데에 머물러 사는 타국인도 땅을 얻게 됩니다. 이스라엘 사람이 아닌 이들에게도 일어날 일이어서 오늘 우리에게까지 전해지고 있습니다. 하나님의 백성 모두에게 일어날 일입니다. 우리에게도 이런 일이 약속되다니, 앞날이 기대되지 않습니까.

또 생각해 봅시다. 멀리 떨어진 사해가 이 정도라면, 성전 안에서는 대체 어떤 일이 일어날까요. 무성한 과일나무들이 강 옆을 빽빽이 채우고, 물고기로 가득한, 싱싱한 기운이 가득한 바다가 앞에서 넘실대고 있지만, 성전은 그 정도로는 감을 잡을 수 없을 정도로 생명력이 충만한 중심일 것입니다. 이런 면에서, 에스겔서를 끝내는 말, '여호와삼마'(겔 48:35), 곧 '여호와께서 거기에 계시다'라는 말의 무게와 위엄을 짐작해 볼 수 있습니다.

풍요를 감싸는 속죄

이런 맥락에서 우리는 한 가지 더 생각하게 됩니다. 미래에 이런 일이 우리를 기다리고 있다는 것만으로도 충분히 기쁜 소식이겠으나, 본문 말씀에서 한 가지 더 생각할 수 있습니다. 이런 일이 어떤 배경 속에서 이루어지는가에 대해서입니다.

> 20 그가 이같이 그 사방을 측량하니 그 사방 담 안 마당의 길이가 오백 척이며 너비가 오백 척이라 그 담은 거룩한 것과 속된 것을 구별하는 것이더라 (겔 42:20)

성전이 있는 건물 곳곳의 측량이 마무리되는 부분입니다. 마지막으로 외벽이 되는 담의 치수를 재고 난 뒤, 그 담의 쓸모가 무엇인지 언급됩니다. '그 담은 거룩한 것과 속된 것을 구별하는 것이니라.'

에스겔 40장에서 42장에 걸쳐, 성전이 자리 잡은 건물을 측량하였습니다. 이어서 43장부터 46장까지에는 그 건물 안에서 시행할 여러 일들이 나열됩니다. 여러 내용이 있는데, 그중 많은 부분을 할애하여 이곳은 제사를 드리는 장소라는 점을 강조하고 있습니다.

43장을 보면, 1절에서 12절에 하나님의 영광이 성전 안에 들어와 충만하셨다는 말씀이 나오고, 이어 13절에서 27절에는 번제단과 관련된 이야기가 나옵니다. 안뜰 한가운데에 있는 제단의 모양을 소개한 후, 거기서 행할 제사에 대한 가르침이 이어집니다. 여기서는 계속해서 속죄제를 드립니다.

18 여호와께서 이같이 말씀하셨느니라 첫째 달 초하룻날에 흠 없는 수송아지
한 마리를 가져다가 성소를 정결하게 하되 19 제사장이 그 속죄제 희생제물의 피
를 가져다가 성전 문설주와 제단 아래층 네 모퉁이와 안뜰 문설주에 바를 것이요
20 그 달 칠일에도 모든 과실범과 모르고 범죄한 자를 위하여 역시 그렇게 하여
성전을 속죄할지니라 21 첫째 달 열나흗날에는 유월절을 칠 일 동안 명절로 지키
며 누룩 없는 떡을 먹을 것이라 22 그 날에 왕은 자기와 이 땅 모든 백성을 위하
여 송아지 한 마리를 갖추어 속죄제를 드릴 것이요 23 또 명절 칠 일 동안에는 그
가 나 여호와를 위하여 번제를 준비하되 곧 이레 동안에 매일 흠 없는 수송아지
일곱 마리와 숫양 일곱 마리이며 또 매일 숫염소 한 마리를 갖추어 속죄제를 드
릴 것이며 24 또 소제를 갖추되 수송아지 한 마리에는 밀가루 한 에바요 숫양 한
마리에도 한 에바며 밀가루 한 에바에는 기름 한 힌 씩이며 25 일곱째 달 열다섯
째 날에 칠 일 동안 명절을 지켜 속죄제와 번제며 그 밀가루와 기름을 드릴지니라
(겔 45 : 18-25)

여기서 계속 드리는 제사는 '속죄제'입니다. 성소를 정결하게 하기 위해 성전을 속죄해야 합니다. 속죄제는 죄를 지었을 때 그 죄를 용서받기 위해 드리는 제사입니다.

하나님의 영광이 가득한 성전 앞 번제단에서 계속 속죄제가 드려집니다. 이렇게 하여 성전은 다른 장소와 차별되는, 거룩한 곳으로 유지되는 것입니다. 생명력 가득한 물이 흘러나오는 그곳에서는 거룩함이 유지되도록 계속해서 제사가 드려지고 있습니다. 그래야 하나님의 임재가 지속되는 것입니다.

물론, 하나님은 당신의 거룩함을 유지하기 위해서 제사 같은 걸 필요로 하시는 분이 아닙니다. 하나님은 무엇이 필요한 분이 아닙니다. 여기서 제사를 계속 드려야 하는 것은 하나님을 위해서가 아니라, 하나님이 임재하셔서 함께하시기로 한 죄인들을 위해서입니다. 거룩하신 하나님이, 죄를 지어 망가지는 사람들과 함께하시기 위해서 계속 제사가 드려지는 것입니다.

그러니 계속 속죄해야 합니다. 속죄제가 드려져야 한다고 강조되는 것은 하나님이, 죄로 물들어 망가지고 있는 이들과 함께하시려고 얼마나 굳은 결심을 하신 것인지를 보여 줍니다. 그 각오가 여실히 드러나고 있습니다.

하나님이 계신 곳에 생명이 있습니다. 하나님의 영광은 거룩한 것이어서 거룩함이 유지되어야만 온 땅에 생명이 펼쳐질 수 있습니다. 이 거룩함을 지키는 것이야말로 땅에 생명을 불어넣는 근거가 됩니다. 그래서 제사장의 임무가 이렇게 소개되어 있습니다.

23 내 백성에게 거룩한 것과 속된 것의 구별을 가르치며 부정한 것과 정한 것을
분별하게 할 것이며 24 송사하는 일을 재판하되 내 규례대로 재판할 것이며 내
모든 정한 절기에는 내 법도와 율례를 지킬 것이며 또 내 안식일을 거룩하게 하며
(겔 44 : 23–24)

제사장들은 계속 제사를 드리며 사람들에게 가르쳐야 합니다. 거룩한 것과 속된 것은 다르다는 것을, 부정한 것과 깨끗한 것은 분별되고 구별되어야 한다는 것을 죄인들에게 가르쳐야 합니다. 이것이 그들의 중요한 임무입니다.

에스겔 선지자가 본 환상은 상쾌하고 싱그러운 미래가 있음을 우리에게 선포합니다. 어떻게 우리에게도 그런 미래가 올 수 있는 것일까요. 거룩함이 유지되어서 그렇습니다.

성경의 기쁜 소식을 대하며 밝은 미래와 상쾌한 회복을 꿈꾸고 있다면, 각자 자신에게 물어봅시다. '나에게 하나님의 거룩함은 어떤 자리를 차지하고 있는가.' 과연 우리 마음속에는 거룩함과 죄 됨 사이에 구별이 있는 것일까요.

우리 앞 세대 신앙의 선조들은 거룩함과 속됨, 성(聖)과 속(俗)을 구분할 때, 흔히 교회 울타리가 경계가 된다고 생각했습니다. 교회는 거룩한 곳이고 교회 밖 세상은 속된 곳이라고 여겨, 교회와 신앙생활은 거룩한 영역이고 사회와 사회생활은 속된 영역이라고 마음속으로 구분했습니다.

이제는 신앙의 연륜이 더해져서 이런 식의 이분법은 성경의 가르침을 지나치게 단순화한 것이라는 반성이 생겨났습니다. '성과

속'을 단순히 교회와 바깥, 교회 활동과 사회 활동으로 생각할 수 없습니다. 하나님은 교회만의 하나님이 아니라, 온 세상의 주인이시기 때문입니다. 하나님 앞에서 우리가 살아야 할 삶은 신앙생활만이 아니라, 우리 삶 전체를 포괄하는 것이기 때문에, 성과 속을 그렇게 구분할 수는 없다고 이해하게 되었습니다.

그렇게 해서 거룩함이 전보다 더 잘 유지되는지 우리 세대의 모습을 떠올려 봅니다. 이제는 이전 세대처럼 유치해 보이는 방식의 이분법은 없는지 모르지만, 성과 속의 구별 자체가 아예 사라져 버린 것은 아닐까 하는 생각이 듭니다.

이제는 죄 되고 속된 것들이 아예 거룩함의 영역으로 밀고 들어온 것은 아닌지 모르겠습니다. 하나님의 거룩함 앞에 두려운 마음으로 머리를 조아리는 모습은 찾기 어려워진 것 같습니다. 교회 안에도 교회 바깥의 사고방식과 문화가 그대로 밀어닥쳐 이제는 성경의 가르침과 다른 사고방식을 아무렇지도 않게 생각할 때도 많습니다. 교회에서조차 거룩한 영역을 지키는 모습을 보기 어렵습니다.

하나님의 생명력은 거룩함을 제대로 지켜 갈 때 실현되는 것입니다. 하나님이 베푸시는 생명을 누리려면, 우리는 먼저 하나님의 거룩하심에 자리를 내어놓아야 합니다. 하나님의 자리, 하나님이 거룩하게 임하실 자리가 우리 삶에서 분명히 구분되어야 합니다. 우리 삶 전체가 하나님의 임재 가운데 있으니 삶의 모든 것이 거룩해져야 하겠지만, 그 첫걸음은 하나님의 거룩하심을 구별하여 기억하는 것으로 시작될 것입니다.

자신에게 물어봅시다. '나에게 하나님의 거룩함은 두려움으로 조심스럽게 지켜야 할 것으로 구별되어 있는가.' 우리의 신앙 이해가 더욱 깊어졌다고 자부하면서도, 사실상 속된 것이 우리의 거룩한 것을 삼켜 버릴 지경이라면, 본문 말씀이 들려주는 생명의 회복은 우리를 향한 것이 아닐 것입니다.

우리가 정말로 마음을 쓸 곳은 물이 넘치는 그곳이 아닙니다. 사해 같은 곳은 하나님이 알아서 생명으로 회복하실 것입니다. 우리 마음은 주님이 자리하신 곳, 거룩한 성전 앞에 있어야 합니다. 그곳에서 끊임없이 죄를 미워하며 우리의 속죄를 기뻐해야 합니다. 우리가 마음을 둘 곳은 생수로 채워질 자리가 아니라, 주님이 자리하신 거룩한 곳입니다.

우리가 그분의 거룩한 존전(尊前)에 두려움과 떨림으로 엎드려 진실한 경배를 드린다면, 우리 삶의 풍성한 회복은 하나님이 알아서 이루실 것입니다. 삶의 풍성함을 간절히 구하지 않아도 됩니다. '하나님, 하나님 앞에 저의 모습을 내어놓습니다. 하나님이 하나님의 거룩하심으로 저를 깨끗하게 해 주십시오'라고 기도하는 사람이라면, 사해 같은 우리의 풍경을 하나하나 읊어 대며 하나님이 어디에 어떻게 역사해 주셔야 할지를 낱낱이 알려 드리지 않아도 됩니다. 그건 하나님이 알아서 하실 테니, 하나님이 눈여겨보라고 하시는 곳에 눈길을 돌리면 됩니다.

우리가 참여하여 우리의 몫을 다할 곳은 물가가 아니라 바로 여기, 주님의 거룩하심 앞입니다. 여기서 마음 아파하며 부정한 것을 버리고, 하나님을 기쁘시게 하기 위해 우리 마음을 내어 드리기로 다짐합시다. 깨끗한 것을 사모하기로 기도하는 것입니다. 바로 여기가 우리의 몫을 다해야 할 자리입니다. 주의 말씀에 응답하여, 하나님이 약속하신 풍성한 삶을 맛보는 우리 모두가 되기를 소망합니다.

기도

하나님, 하나님께서는 죽은 사람을 되살리는 정도가 아니라, 죽은 바다를 되살리시고, 이 땅을 하나님의 생명이 가득한 곳으로 만들겠다고 말씀하십니다. 이와 같은 일이 우리에게도 일어날 것이니 감사합니다. 주님이 주신 말씀을 갖고 소망 속에 미래를 바라보기 원합니다.

주님, 저희를 붙들어 주시옵소서. 하나님을 마음속 가장 소중한 자리에 모시고, 주님께서 기뻐하시는 일을 따라 우리 인생을 걸어가기를 소원하는 저희가 되게 하옵소서. 믿음이 부족하오니 저희를 불쌍히 여기시고, 저희의 손을 붙들어 주님께서 기뻐하시는 자리까지 인도하여 주옵소서. 예수님의 이름으로 기도합니다. 아멘.

08

여호와삼마

윤철규

30 그 성읍의 출입구는 이러하니라 북쪽의 너비가 사천오백 척이라 **31** 그 성읍의 문
들은 이스라엘 지파들의 이름을 따를 것인데 북쪽으로 문이 셋이라 하나는 르우벤 문
이요 하나는 유다 문이요 하나는 레위 문이며 **32** 동쪽의 너비는 사천오백 척이니 또
한 문이 셋이라 하나는 요셉 문이요 하나는 베냐민 문이요 하나는 단 문이며 **33** 남쪽
의 너비는 사천오백 척이니 또한 문이 셋이라 하나는 시므온 문이요 하나는 잇사갈 문
이요 하나는 스불론 문이며 **34** 서쪽도 사천오백 척이니 또한 문이 셋이라 하나는 갓
문이요 하나는 아셀 문이요 하나는 납달리 문이며 **35** 그 사방의 합계는 만 팔천 척이
라 그 날 후로는 그 성읍의 이름을 여호와삼마라 하리라 (겔 48:30-35)

완전한 회복에 대한 환상

에스겔 마지막 장입니다. 이번 장으로 에스겔 설교를 마무리하고자 합니다. 설교자들끼리 농담 삼아 이야기하는데, 설교하기에 가장 어려운 성경으로 레위기와 에스겔서를 꼽곤 합니다. 많은 상징과 반복, 이해하기 쉽지 않은 내용으로 가득하기 때문입니다. 그러나 하나님의 말씀이기에, 주의 깊게 들어야 하는 이 메시지를 경청하며 따라오느라 수고가 많았다는 격려를 하고 싶습니다.

에스겔서에는 특정한 숫자에 상징적 의미를 부여하는 내용이 많습니다. 성전에 관한 비유에서도 마찬가지지만 이번 장에서 살펴볼 에스겔서의 마지막 장인 48장에서도 집착이라고 할 만큼 의도적으로 숫자의 합을 맞추기 위해서 애쓰고 있습니다. 에스겔 47장 13절 이하를 보면 하나님이 이스라엘의 땅을 회복하실 것이라는 약속을 주십니다. 에스겔서 전반부에는 이스라엘의 죄악이 얼마나 심한지, 그리고 그들이 왜 심판을 받을 수밖에 없는지에 대한 하나님의 말씀이 기록되어 있습니다. 에스겔서 후반부에는 이스라엘뿐만 아니라 이스라엘 주변에 있는 열방들도 심판을 받게 될 것이라는 내용이 나옵니다.

에스겔 37장에 가면, 골짜기에 있던 마른 뼈들에 생기가 들어가서 군대가 되는 환상이 나옵니다. 남 유다와 북 이스라엘은 하나가 될 것이고 곡과 마곡이 일으키는 최후의 전쟁이 있을 것인데, 하나님이 그 전쟁에서 승리하실 것이라는 이야기가 펼쳐집니다. 에스겔 40장 이후부터는, 파괴된 옛 성전 대신에 하나님이 원하시는 성전의 모습을 에스겔에게 환상으로 보여 주고 계십니다. 그렇게 '성전이 회복될 것이다'라는 전능자의 약속이 주어집니다. 너희는 골짜기에 있는 마른 뼈같이 되어 그 어떤 가능성도 없이 처참하게 죽어 시신이 토막 나 뼈가 하얗게 되어 아무것도 할 수 없는 상태이지만 태초에 빛이 있으라 말씀하신 주님, 태초에 흙으로 사람을 지으시고 그 코에 생기를 불어넣어 주신 창조의 영이 다시 너희를 사망으로부터 불러일으켜 군대로 세울 것이다, 갈라진 너희 나라를 하나로 만들어 주실 것이다, 너희의 무너진 성전을 회복하실 것이다, 라고 말씀하십니다. 이어서 47장 13절에서 48장 끝 절에는 이스라엘 땅을 다시 회복하겠다고 하시는 주님의 말씀이 전해지고 있습니다. 에스겔 47장 14절에서 21절 말씀을 보겠습니다.

14 내가 옛적에 내 손을 들어 맹세하여 이 땅을 너희 조상들에게 주겠다고 하였
나니 너희는 공평하게 나누어 기업을 삼으라 이 땅이 너희의 기업이 되리라 15 이
땅 경계선은 이러하니라 북쪽은 대해에서 헤들론 길을 거쳐 스닷 어귀까지니
16 곧 하맛과 브로다며 다메섹 경계선과 하맛 경계선 사이에 있는 시브라임과 하
우란 경계선 곁에 있는 하셀핫디곤이라 17 그 경계선이 바닷가에서부터 다메섹
경계선에 있는 하살에논까지요 그 경계선이 또 북쪽 끝에 있는 하맛 경계선에 이
르렀나니 이는 그 북쪽이요 18 동쪽은 하우란과 다메섹과 및 길르앗과 이스라엘
땅 사이에 있는 요단 강이니 북쪽 경계선에서부터 동쪽 바다까지 측량하라 이는
그 동쪽이요 19 남쪽은 다말에서부터 므리봇 가데스 물에 이르고 애굽 시내를 따
라 대해에 이르나니 이는 그 남쪽이요 20 서쪽은 대해라 남쪽 경계선에서부터 맞
은쪽 하맛 어귀까지 이르나니 이는 그 서쪽이니라 21 그런즉 너희가 이스라엘 모
든 지파대로 이 땅을 나누어 차지하라 (겔 47 : 14－21)

주께서 여호수아를 통해 이스라엘이 가나안 땅을 차지하게 했을 때처럼 이스라엘에게 한 번 더 이 땅을 주겠다고 하십니다. 구체적인 지명은 우리에게 익숙한 이름이 아니기에 이해가 쉽지 않지만 우리식으로 표현하면 이렇습니다. '한라에서 백두까지, 드넓은 저 푸른 바다가 넘실거리는 동해에서 저 광활한 만주 벌판까지, 내가 너희에게 되돌려 주겠다. 이것은 너희의 땅이다. 너희는 내가 너희에게 주기로 한 그 땅, 그 고향으로 돌아가게 될 것

이다. 그리고 그곳에서 각각의 지파가 그 분깃대로 받은 땅을 차지할 것이다. 분배는 이상적으로 이루어질 것이다. 그리고 너희는 이상적인 왕의 이상적인 다스림과 통치 속에서 살게 될 것이다'라고 주님이 말씀하십니다.

땅의 길이가 어떻고, 왕에게 주는 도시의 크기가 어떻고, 레위인들에게 주는 땅이 어떻고 하는 이 이상적 공간에 대한 내용이 48장에 기록되어 있습니다. '가나안 땅을 너희 열두 지파에 주겠다'라고 하시는데, 이 말의 뜻은 무엇입니까. 이스라엘의 열 개 지파로 나라를 만든 북 이스라엘은 이미 오래전에 앗수르에 멸망당해 남은 사람들이 어떻게 되었는지 흔적을 찾기 어려울 정도입니다. 남 유다 역시 망했습니다. 남 유다를 구성하고 있던 유다 지파와 베냐민 지파의 처지도 굉장히 난감했을 것입니다. 그런 상황에서 하나님은 이렇게 약속하십니다. '각각의 지파에 맞게 땅을 줄 것이다. 이스라엘의 열두 지파가 회복될 것이다. 그리고 이스라엘 땅의 중심부를 구별하여 그곳을 거룩하게 하겠다.' 그 땅의 너비는 이만 오천 척이라고 하십니다.

20 그런즉 예물로 드리는 땅의 합계는 길이도 이만 오천 척이요 너비도 이만 오천 척이라 너희가 거룩히 구별하여 드릴 땅은 성읍의 기지와 합하여 네모 반듯할 것이니라 (겔 48 : 20)

일 척은 일 규빗입니다. 일 규빗은 팔꿈치에서부터 가운뎃손가락 끝까지의 길이로, 대략 50센티미터라고 한다면, 이만 오천 척은 12.5킬로미터 즈음 됩니다. 주께서 가로세로 12.5킬로미터에 해당하는 정사각형의 땅을 거룩한 공간으로 만들겠다고 하십니다. 에스겔 마지막 부분에는 이러한 정방형에 대한, 그리고 숫자에 대한 강조가 두드러집니다. 30절 말씀을 다시 보겠습니다.

> **30** 그 성읍의 출입구는 이러하니라 북쪽의 너비가 사천오백 척이라 **31** 그 성읍의 문들은 이스라엘 지파들의 이름을 따를 것인데 북쪽으로 문이 셋이라 하나는 르우벤 문이요 하나는 유다 문이요 하나는 레위 문이며 (겔 48 : 30 – 31)

북쪽으로 문이 세 개가 있습니다. 르우벤, 유다, 레위 문입니다. 그리고 북쪽과 마찬가지로 동쪽 출입구의 너비도 사천오백 척입니다. 2킬로미터쯤 될 텐데, 여기에도 세 문이 있고 요셉, 베냐민, 단, 세 지파의 이름이 적혀 있습니다. 남쪽에는 시므온, 잇사갈, 스불론 문들이, 서쪽에는 아셀, 갓, 납달리 문들이 있습니다. 성읍의 가로세로 각각의 너비가 사천오백 척입니다. 각각 그 너비를 이루는 동서남북 네 곳에 문이 세 개씩 있고, 문들은 각 지파의 이름을 따고 있습니다. 그래서 숫자로 상징을 풀어내기 좋아하는 사람들은, 12가 완전수인데, 사방을 의미하는 동서남북의 '4'에, 하나님의 일하심을 의미하는 '3'이 곱해졌기 때문에 '12'라는 숫자가 완전수로서 기능한다고 추정하기도 합니다. 성경에 정확한 의미가 적혀 있지 않으니 추정할 뿐입니다. 어찌 됐건 정방형의 공간이 담고 있는 상징은 완벽하고 이상적인 공간이라는 뜻입니다.

하나님이 중심이다

그런데 당대의 유다 사람들은 이러한 환상의 내용을 들었을 때 어떤 생각을 했을까요? 그들이 소중하게 여기던 성전이 무너지고 돌아갈 고향도 사라졌습니다. 더는 이 땅에 마음 둘 곳이 없습니다. 이 땅에서 뿌리가 뽑힌 것처럼, 물 위에 둥둥 떠 있는 나뭇잎 같은 존재들이 되었습니다. 그런 상황에서 하나님이 그들을 돌보시고 그들을 위해 참된 처소, 참된 고향을 예비하셨다는 환상은 고통 속에 탄식할 수밖에 없는 암울한 현실을 소망으로 이겨 내게 하는 중요한 약속이 되었을 것입니다.

사실 우리도 에스겔 시대의 유다 백성처럼 고향으로부터 분리되고 뿌리가 없는 시대를 사는 것 같은 생각이 듭니다. 저는 서울 근교에서 태어나 지금껏 이 근방에서 살아왔기 때문에, '향수' 같은 노래에 나오는 '넓은 벌 동쪽 끝으로 옛이야기 지줄대는' 그런 고향이 없습니다. 콘크리트 건물 사이, 온갖 쇼핑센터가 즐비한 곳에서 성장했습니다. 고향이라고 할 만한 곳이 있는가 하고 생각을 해 보면 잘 모르겠습니다. 그래도 어렸을 때는 집 뒤에 뛰어놀던 동산이 있었고, 친구들이 있었고, 골목이 있었습니다. 그래서 친구들과 함께 뛰놀며 교제를 나누던 교회가 마음의 고향같이 여겨지기도 합니다.

그런데 이 시대의 청년들을 보면 돌아갈 고향이 없는 사람으로 성장한 것이 아닌가, 라는 생각을 하게 됩니다. 돌아갈 사람, 돌아갈 땅, 마음을 둘 집, 그런 것들이 사라진 시대를 살고 있기에 눈앞에 보이는 것에 마음을 둘 수밖에 없고, 안정감을 확보하기 위해 유행하는 물건이나 장소나 음식을 찾아 헤매고 있는 것이 아닌가 싶습니다. 그러나 그러한 것들은 진정한 만족을 줄 수 있는 것들이 아닙니다. 그래서 궁극적 가치에 뿌리를 내리고 자라나는 시간을 누리지 못한 채, 끊임없이 여기저기를 방황하다가 물 위를 떠다니는 낙엽 같은 존재들이 되어 버리는 것 같습니다.

이스라엘도 마찬가지였을 것입니다. 돌아갈 땅이 없었습니다. 마음을 둘 가족, 지파가 다 사라졌습니다. 친척들이 다 죽거나 흩어졌습니다. 도대체 어디에 마음을 두어야 하겠습니까. 이때, 주께서 에스겔을 통해 다시 한번 그들에게 상기시켜 주십니다. 그들이 고향으로 여겼던 가나안 땅은 원래 그들의 땅이 아니었다는 것입니다. 그들의 선조였던 아브라함은 원래 떠다니는 존재였습니다. 고향 없이 정처 없이 그저 유랑하는 나그네였습니다. 그런데 하나님이 그에게 언약을 주시고, 그의 후손들에게 가나안 땅이라는 고향을 주셨습니다. 포로로 잡혀 온 유다 백성들의 처지에서 생각해 보면, 나의 아버지와 할아버지가 나고 자란 곳, 나의 모든 기억의 배경이 되는 곳, 지금의 내가 되기까지 오롯이 향유했던 고향 땅입니다. 그러니 포로 생활 중인 유다 사람들은 고향 땅인 가나안에 더는 돌아갈 수 없게 되었을 때, '이제 돌아갈 고향 땅이 없는 이스라엘은 이스라엘일 수 없고 유다는 유다일 수 없는 것인가. 성전이 없고, 절기를 지킬 수 없는 유다 백성은 더는 유다가 아닌가'라며, 자기 정체성이 상실되는 것 같은 위기를 겪었을 것입니다.

그때 주께서 말씀하십니다. "너희의 진정한 정체성은 땅에 있지 않다. 너희의 정체성은 눈에 보이는 것이 아니다. 애초에 아브라함은 떠다니는 존재였다. 애초에 너희 선조들은 노예에 불과했다. 내가 너희와 언약을 맺어, 나는 너희의 하나님이 되고 너희는 내 백성이 될 것이라는 언약 관계 안에서 내가 너희에게 땅을 주었다. 그렇게 너희에게 예배가 주어지고, 성전이 주어지고, 절기가 주어졌다."

이런 하나님의 말씀을 기억한다면, 이스라엘 백성의 정체성은 절기를 지키는 행동에 근거하지 않습니다. 눈에 보이는 성전도 아닙니다. 눈에 보이는 땅도 아닙니다. 이스라엘의 정체성은 그 땅에, 그 성전에 임하시고 말씀하시며 백성을 다스리시는 하나님에게 있습니다. 백성들과 교제하기 원하시며 그들을 부르고 계시는 하나님이 바로 이스라엘의 정체성의 핵심입니다.

하나님의 말씀은 이것입니다. '너희는 포로가 되어 고향에서 멀리 떨어진 곳으로 왔다. 너희는 뿌리째 뽑혀 여기까지 왔다. 그래서 너희는 스스로가 끝난 것같이 여겨질 것이다. 그러나 그렇지 않다. 나의 보좌는 움직이는 보좌이다. 나는 너희와 이곳에 함께 있다.'

이동하는 보좌는 에스겔 초반에 나온 것입니다. 하나님의 보좌는 고정된 것이 아닙니다. 하나님의 보좌는 시온에 머물러 있지 않습니다. 시간과 공간의 제한을 넘어섭니다. 바벨론을 비롯한 어떤 것도 하나님을 막지 못합니다. '하나님이 시간과 공간의 주인이시다. 하나님이 중심이다'라고 하는 것이 바로 에스겔서의 처음과 끝을 아우르는 주제입니다.

어디에서든 통치하시는 하나님

하나님이 만드신 성전, 즉 이상적인 공간이 상징하는 핵심은 무엇입니까.

35 그 사방의 합계는 만 팔천 척이라 그 날 후로는 그 성읍의 이름을 여호와삼마라 하리라 (겔 48 : 35)

'여호와삼마'란 '여호와께서 거기에 계시다'라는 뜻입니다. 내가 너희의 하나님으로 서 있다, 나는 여전히 너희의 하나님이다, 나는 너희를 포기할 수 없다, 나는 너희를 끝까지 붙드는 너희의 참 주인이다, 라고 말씀하시는 하나님이 그들과 함께, 거기에 계신다는 것입니다. 출애굽기 3장에서 하나님은, 나는 스스로 있는 하나님이다, 나는 너희 이스라엘과 언제나 함께할 하나님이다, 라고 하셨습니다. 하나님의 그 언약이 포로로 잡혀간 언약 백성에게 '여호와삼마, 나는 거기에 있는 하나님이다'로 계속해서 실현되는 것입니다.

게르하르트 폰 라트(Gerhard von Rad)라는 유명한 구약 학자가 구약의 선지자들, 특히 이사야, 예레미야, 에스겔 같은 선지자들에 대해 논평할 때 이런 표현을 썼습니다. "그 옛 것이 새로운 것에서 완전한 형태로 현재하리라는 확신도 그들에게 공통적인 것이다"(G.폰 라트, 《구약성서 신학2 이스라엘의 예언적 전승의 신학》, 분도출판사, 295쪽). 무슨 말일까요. 선지자들은 단순히 옛 종교를 고수한 이들도 아니고, 그렇다고 새로운 종교를 주창한 사람들도 아니라는 뜻입니다. 구약 성경에서 '율법'은 하나님과 그의 백성이 언약 관계 속에 있다는 사실을 드러내는 표징입니다. 이스라엘은 율법 준수의 사명에 실패했습니다. 그 일은 굉장히 심각한 위기와 긴장을 불러옵니다. 왜냐하면, 이스라엘이 매번 실패하여 결국에는 나라와 성전이 사라질 정도로 완전히 몰락했다는 사실은, 이스라엘이 하나님의 백성으로 부름을 받아 살아간다는 언약이 무효화되는 위기 앞에 섰다는 뜻이기 때문입니다.

에스겔 같은 선지자들은 옛 율법을 단순히 반복하는 사람들도 아니고, 그렇다고 새로운 종교를 만든 사람들도 아닙니다. 그러면 이 선지자들은 어떤 사람들입니까. 게르하르트 폰 라트는 '새로운 시대를 본 사람들'(같은 책, 123쪽)이라고 표현했습니다. 새로운 시대를 보았다는 것은 무슨 뜻입니까? 율법을 폐기하지 않으면서, 율법 이상의 기준과 권능으로 다스리시는 분을 대면했다는 뜻입니다. 그리고 그분이 이 땅에 인간의 몸을 입고 오셔서 인류를 대신하여 모든 율법을 행하시고 완성하심으로 우리는 그분에게 묶여 있음을 보았다는 의미입니다. 그 사실로 인해 우리가 세상의 현실을 딛고 서서 전능자의 능력으로 살아가게 된 실재가, 선지자들 안에 펼쳐졌다는 의미입니다. 조금 더 구체적으로 풀면 이렇습니다.

예전에 왕조가 있었을 때는 왕이 그 나라를 다스린 햇수로 시대를 구분했습니다. 한무제 몇 년, 당태종 몇 년, 이런 식으로 말입니다. 그런데 세계가 근대화되면서부터는 더 이상 그런 식으로 구분하지 않습니다. '서기 몇 년'이라고 구분하게 됩니다. 그런데 이 지점에서 생각할 것이 있습니다. 모든 인류는 물리적으로 지나가는 일반적인 시간 속에서 살고 있습니다. 하지만 우리가 문화, 경제, 정치라는 구체적인 영역 안에서 경험하는 시간은 인류가 보편적으로 경험하는 물리적인 시간과는 좀 달라 보입니다.

예를 들어 서울역에서 KTX를 타고 부산에 갈 때 목적지나 걸리는 시간은 똑같은데, 그 서너 시간이 누구와 가느냐에 따라 30분으로 느껴지기도 하고 30시간으로 느껴지기도 합니다. 이렇듯 누구와 함께하느냐에 따라 시간은 다른 속도와 다른 무게감으로 경험됩니다.

선지서의 무대가 되는 왕국의 역사 속에서 유다 사람들은, 왕들의 이름을 따서 히스기야 몇 년, 시드기야 몇 년, 여호야김 몇 년, 이라고 하는 시대 속에 살았습니다. 그런데 더 강력한 문명의 지배자가 그들의 나라를 파괴하고 그들을 붙잡아 가자 그들은 유다 왕조 시대가 아니라 바벨론 제국 시대라고 하는 시간 속에 편입되었습니다. 바벨론 제국의 시간이 끝나면, 페르시아 제국의 시간이 찾아올 것입니다. 페르시아 제국의 시간이 끝나면, 그리스 제국의 시간이 찾아올 것입니다. 이스라엘은 자신들만의 고유한 시대를 상실하고 폭력적인 제국에 의해서 짓밟힘을 당하는 시간을 지나게 됩니다.

이 암울한 시기에 하늘을 향해 에스겔의 눈이 열리면서, 마치 요한계시록에서도 사도 요한이 밧모섬에서 보았던 것처럼, 하나님이 회복하시는 새로운 성전과 약속의 땅을 보게 됩니다. 그리고 그 내용이 소망을 잃은 이스라엘 백성들에게 전해집니다. 그들은 참된 현실을 깨닫게 됩니다. '바벨론 황제가, 로마 황제가, 세상 제국의 황제가, 세상의 법칙과 원리와 가치 체계가 주인 행세를 하는 시대 속에 묶인 채로 끌려간다고 생각했는데, 눈을 들어 하늘을 보니 하나님이 참된 왕이시더라. 우리가 하나님과 함께하는 시간 속에 거하고 있더라. 우리는 그분과 함께 호흡하며, 그분과 함께 춤을 추며, 그분과 함께 말씀을 나누며, 세상과는 다른 시간, 다른 시대, 다른 시절 속에 사는 존재더라. 그러니 지금은 우리가 이스라엘을 떠나, 유다를 떠나, 예루살렘을 떠나 이방에 포로로 잡혀 와 있지만, 여기에 하나님이 계신다. 여호와삼마라.' 하나님이 선지자들을 통해서 '나는 너의 하나님이다'라고 말씀하시는 그 음성을 들려주시는 그 순간, 하나님 나라의 통치가 그들 안에 펼쳐지는 것입니다. 이제 그들은 다른 시간을 살게 됩니다. 그리고 이 일의 구체적인 모범이자 완성으로 예수께서 이 땅에 오십니다.

참된 성전

에스겔서에 나오는 성전과 땅의 회복에 대한 환상은, 나중에 페르시아 제국 시절에 스룹바벨과 에스라, 느헤미야 같은 이들을 통해 펼쳐진 본국으로의 귀환 운동에 중요한 원동력이 되었을 것입니다. 에스겔서에 나온 대로, 주님이 환상 가운데 보여 주신 바를 떠올리며 '이제 우리가 우리의 성전, 우리의 땅을 회복하러 갑시다'

라고 외쳤을 것입니다.

그러나 장소의 이동은 온전한 회복이 아니었습니다. 포로 귀환 시대 이후에도 그들은 제대로 된 나라를 구성하지 못하고 계속해서 어려움을 겪습니다. 그러다 결국 로마의 지배를 받습니다. 그런데 예루살렘 성전은 계속 있습니다. 그런데 이 성전은 굉장히 애매합니다. 포로 생활에서 돌아와 지은 성전, 그리고 이후에 헤롯이라고 하는 이방인 왕이 이스라엘 사람들의 환심을 얻기 위해 지은 거대한 성전, 이것이 바로 당대에 예수님이 보셨던 예루살렘 성전이었습니다.

그런데 이 성전이 과연 에스겔서에서 말하는 그 이상적인 성전이었을까요? 당시에도 사람들은 그렇게 생각하지 않았을 것입니다. 복음서를 보면 알 수 있듯 그곳은 종교 지도자들이 나약한 백성들에게서 제물을 갈취하는 구조적 악행의 정점이 자리 잡은 곳이었습니다. 그런 성전을 하나님이 다스리시는 이상적인 장소라고 여기기는 어렵습니다. 성전에 대한 에스겔의 이상은 구약 성경으로 그들에게 보존되어 있지만, 눈에 보이는 성전은 하나님의 약속이 완성되는 거룩한 곳이라고 하기에는 말도 안 되게 부조리하고 추악한 모습으로 서 있습니다. 이 성전과 이 성전이 있는 예루살렘 안에서 당시 얼마나 부당한 일들이 벌어졌는지, 주께서 하신 말씀으로 알 수 있습니다.

37 예루살렘아 예루살렘아 선지자들을 죽이고 네게 파송된 자들을 돌로 치는 자여 암탉이 그 새끼를 날개 아래에 모음 같이 내가 네 자녀를 모으려 한 일이 몇 번

이더냐 그러나 너희가 원하지 아니하였도다 **38** 보라 너희 집이 황폐하여 버려진
바 되리라 **39** 내가 너희에게 이르노니 이제부터 너희는 찬송하리로다 주의 이름
으로 오시는 이여 할 때까지 나를 보지 못하리라 하시니라 (마 23 : 37–39)

1 예수께서 성전에서 나와서 가실 때에 제자들이 성전 건물들을 가리켜 보이려고
나아오니 **2** 대답하여 이르시되 너희가 이 모든 것을 보지 못하느냐 내가 진실로
너희에게 이르노니 돌 하나도 돌 위에 남지 않고 다 무너뜨려지리라 (마 24 : 1–2)

눈에 보이는 성전과 예루살렘은 무너질 것이다, 황폐하여 버려진 바 될 것이다, 라는 무서운 말씀을 하십니다. 그런데 신약 성경의 외침은 눈에 보이는 성전이 심판받아 황폐하게 될 것이라는 경고에 머무르지 않습니다. 바로 예수 그리스도의 죽음과 부활로 인해 보이지 않는 참된 성전, 참된 도성, 참된 예루살렘이 회복될 것이라고 합니다. 히브리서 11장을 살펴보겠습니다.

13 이 사람들은 다 믿음을 따라 죽었으며 약속을 받지 못하였으되 그것들을 멀리
서 보고 환영하며 또 땅에서는 외국인과 나그네임을 증언하였으니 **14** 그들이 이
같이 말하는 것은 자기들이 본향 찾는 자임을 나타냄이라 **15** 그들이 나온 바 본
향을 생각하였더라면 돌아갈 기회가 있었으려니와 (히 11 : 13–15)

하나님에게 부름을 받아, 하나님 앞에 나와 믿음으로 살게 된 모든 이들이 추구하게 되는 본향이 있습니다. 그 본향은 눈에 보이는 가나안이 아니며 눈에 보이는 예루살렘이 아닙니다.

16 그들이 이제는 더 나은 본향을 사모하니 곧 하늘에 있는 것이라 이러므로 하
나님이 그들의 하나님이라 일컬음 받으심을 부끄러워하지 아니하시고 그들을 위
하여 한 성을 예비하셨느니라 (히 11 : 16)

여기서 말하는 '한 성'이란 무엇입니까. 눈에 보이는 예루살렘으로 예표가 되었던 성, 눈에 보이는 성전으로 예표가 되었던 그 성전, 하나님은 그들의 하나님이 되시고 그들은 하나님의 백성이 되는 깊은 인격적 연합의 관계, 그것이 바로 참된 성전의 핵심이며 그 성전은 바로 예수 그리스도입니다. 우리에게 오신 하나님, '여호와삼마', 내가 너희 가운데 함께하리라고 말씀하시는 그분이 우리 눈앞에 서 계시기에 우리는 참된 성전을 발견하고 그곳에서 하나님과 함께 먹고 마시는 존재로 부름을 받았습니다. 우리가 바라는 이 본향, 우리가 바라는 이 소망에 대해 요한계시록 21장은 이렇게 묘사합니다.

1 또 내가 새 하늘과 새 땅을 보니 처음 하늘과 처음 땅이 없어졌고 바다도 다시
있지 않더라 2 또 내가 보매 거룩한 성 새 예루살렘이 하나님께로부터 하늘에서
내려오니 그 준비한 것이 신부가 남편을 위하여 단장한 것 같더라 3 내가 들으니
보좌에서 큰 음성이 나서 이르되 보라 하나님의 장막이 사람들과 함께 있으매 하
나님이 그들과 함께 계시리니 그들은 하나님의 백성이 되고 하나님은 친히 그들
과 함께 계셔서 4 모든 눈물을 그 눈에서 닦아 주시니 다시는 사망이 없고 애통하
는 것이나 곡하는 것이나 아픈 것이 다시 있지 아니하리니 처음 것들이 다 지나갔
음이러라 (계 21 : 1-4)

놀라운 약속이 이어집니다. 그리고 10절부터 새 예루살렘에 대한 예언이 나옵니다.

> 10 성령으로 나를 데리고 크고 높은 산으로 올라가 하나님께로부터 하늘에서 내려오는 거룩한 성 예루살렘을 보이니 11 하나님의 영광이 있어 그 성의 빛이 지극히 귀한 보석 같고 벽옥과 수정 같이 맑더라 12 크고 높은 성곽이 있고 열두 문이 있는데 문에 열두 천사가 있고 그 문들 위에 이름을 썼으니 이스라엘 자손 열두 지파의 이름들이라 (계 21 : 10 – 12)

에스겔서에서 보았던 그 내용입니다.

> 13 동쪽에 세 문, 북쪽에 세 문, 남쪽에 세 문, 서쪽에 세 문이니 14 그 성의 성곽에는 열두 기초석이 있고 그 위에는 어린 양의 열두 사도의 열두 이름이 있더라 (계 21 : 13 – 14)

열두 지파를 계승하는 열두 사도의 이름이, 새 예루살렘을 그려내는 중요한 상징 체계의 한 요소가 됩니다. 구약의 열두 지파가 하나님의 통치를 받는 이스라엘의 구체적 현실에 대한 상징이었듯이, 신약의 열두 사도는 예수님과 구체적이고 인격적인 관계를 맺는 현실을 드러냅니다. 결국, 핵심은 인격적 관계입니다. 하나님의 약속과 우리의 신앙은 언제 올지 모르는 먼 미래에 대한 불확실한 기대가 아닙니다. 앞이 보이지 않는 막막함 속에서 오늘 하루하루를 무작정 버티는 비장함을 신앙이라고 하지도 않습니다. 우리의 신앙은 분명한 대상이 있습니다.

너는 내 백성이다

과거에는 적이 분명했습니다. 전쟁에서처럼 적이 분명할 때는 아군도 선명합니다. 싸우는 방식과 내용도 선명합니다. 적군과 싸워야 한다, 가난과 싸워야 한다, 무지와 싸워야 한다, 좋은 세상을 만들어야 한다, 이런 식으로 말입니다. 그런데 오늘날 우리가 사는 시대는 싸워야 하는 적이 굉장히 모호합니다. 마치 어디서 온 것인지 알 수 없는 미세먼지가 전국을 다 뒤덮고 있듯이 원인도, 영향력도 정확히 규명할 수 없습니다. 그러나 극심한 미세먼지가 주는 찜찜함은 이 시대를 사는 이들이 심각하게 받을 수밖에 없는 도전 가운데 하나입니다. 그러나 적이 분명했던 시대나, 적이 불분명한 시대나 우리가 싸워야 하는 내면의 투쟁 대상은 분명합니다. 그것은 바로 불안과 불확실성과 무의미, 모든 것이 산산이 사라질 것이라는 겁박입니다. 다른 말로 하면, '우리에게는 희망이 없어. 우리는 불쌍한 자들일 뿐이야. 우리에게 소망 따위는 없어'라고 내뱉는 불신앙과 희망 없음에 맞서서, '아니다, 희망이 있다. 소망이 있다. 나아갈 길이 있다'라고 드높이 외치며 나아가야 하는 싸움입니다.

그런데 우리가 소망을 가질 근거는 어디에 있습니까? 우리가 버티고 애쓰며, 여기서 하루하루를 견뎌 낼 수 있는 이유는 어디에 있습니까? 눈에 보이는 것에 있지 않습니다. 눈에 보이는 도성, 눈에 보이는 땅, 눈에 보이는 성전, 눈에 보이는 종교 체계, 눈에 보이는 행위에 있지 않습니다. 우리의 소망은 우리가 누구와 인격적 관계를 맺고 있느냐에 달려 있습니다. '모든 것은 허무로 끝날 거야. 인생에는 아무런 목적도 의미도 없어. 그냥 이렇게 허무하게 살다가 사라지는 것에 불과해'라고 하는 죽음의 노래에 맞서서 우리는 생명의 노래를, 리듬을 만들어 내야 하는 책임이 있습니다. 그 생명의 리듬은 도대체 어디에서 옵니까. 자기 자신을 지향하는 데서 오지 않습니다. 자기 자신을 추구하고, 자신의 소유와 능력에 근거하는 안정감은 절대로 희망을 만들어 낼 수 없다는 사실을 성경과 역사가 증언합니다.

우리는 끊임없이 언약에 실패해 하나님의 계획과 의지조차도 실패된 것 같은 위기로 삶을 몰아가는 악하고 못난 존재입니다. 하지만 하나님은 그 현실을 넘어, 우리의 동역자로서 말씀하십니다. '나는 너희의 하나님이기를 포기하지 않겠다. 너희가 성전 안에서 온갖 우상 숭배를 했다고 할지라도 나는 예루살렘을 거룩한 도성으로 반드시 회복할 것이다. 나는 성전을 다시 내 이름이 거하는 곳으로 만들어 낼 것이다. 눈에 보이는 예루살렘을 회복함으로써 보이지 않는 예루살렘에 대한 기대와 소망을 나타내겠다. 실패한 민족 이스라엘, 실패한 국가 유다, 실패한 공동체 열두 지파이지만 내가 다시 그 이름을 내 거룩한 성에, 내 거룩한 문에 두어서 회복하고야 말 것이다. 너는 내 백성이기 때문이다. 너는 내 요셉이다. 너는 내 르우벤이다. 너는 내 유다다. 너는 내 베냐민이다. 너는 내 베드로다. 너는 내 요한이다. 너는 내 안

드레다. 너는 실패하지 않는다. 너는 죽지 않는다. 너는 사라지지 않는다. 너에게는 희망이 있다. 너와 함께하는 나 만군의 여호와, 하늘과 땅을 만들고, 이스라엘의 모든 역사를 통틀어 그 모든 시간과 장소를 구속하며, 이스라엘의 배신과 실패에도 불구하고 끝내 모든 상황을 역전하여 모두를 구원해 내는 나 여호와의 능력이 오늘 너희와 함께하고 있다. 그러니 너희는 희망을 잃지 마라. 나를 보아라. 너는 내 거룩한 도성, 거룩한 성읍, 예루살렘, 고귀한 보석, 거룩한 이름이다.' 주님이 우리에게 이렇게 말씀하고 계십니다. 그 사실에 믿음으로 반응하여, 죽음과 희망 없음을 읊조리는 이 시대 가운데 주님을 바라봄으로 참 소망을 가지는 우리가 되기를 주님의 이름으로 권면합니다.

기도

하나님, 우리는 주님과 함께함으로, 주님의 다스리심과 주님의 통치 앞에 머무름으로 이 시대와는 다른 시간과 공간을 살아갑니다. 주님은 그렇게 하나님의 통치를 받는 주의 백성들을 통하여 하나님을 거부하는 이 세속의 시간, 하나님을 떠난 죄인의 세계를 변모시키시고 거룩하게 바꿔 내시는 분이십니다. 그 주님을 바라보며 소망 가운데 나아가는 우리가 되도록 하옵소서. 주여, 우리와 함께하시며 날마다 우리에게 희망과 용기를 주시고, 주와 동행하는 기쁨을 주옵소서. 우리 구주이신 예수 그리스도의 이름으로 기도합니다. 아멘.